Mon cahier de Français 4ᵉ
NOUVELLE ÉDITION

Coordinatrice
Évelyne BALLANFAT

Myriam DUFOUR
Professeur au collège Jean Jaurès
(Lomme, 59)

Maud LAPOUSSIÈRE
Professeur au collège Antoine de Saint-Exupéry
(Rosny-sous-Bois, 93)

Ce manuel applique les recommandations orthographiques de 1990, mentionnées dans le BO n° 11 du 26 novembre 2015. Seuls les extraits d'œuvres littéraires n'ont pas été modifiés.

Cette nouvelle édition est réalisée à partir de l'édition 2011 rédigée par Évelyne Ballanfat, Myriam Dufour, Élise Jaillet et Coraline Soulier.

Sommaire

GRAMMAIRE

J'identifie les classes de mots

1. Le verbe, le nom, l'article et l'adjectif 4
2. Les déterminants et les pronoms 6
3. Les mots invariables 8
4. Les adverbes 10

J'identifie les fonctions :

par rapport au nom

5. Les expansions du nom 12
6. L'apposition 14

par rapport au verbe

7. Verbes transitifs, verbes intransitifs 16
8. Les verbes attributifs 20
9. La voix passive et le complément d'agent 22

J'analyse la phrase

10. La phrase simple et la phrase complexe 24
11. Les propositions subordonnées conjonctives 26
12. Les propositions circonstancielles de temps 28
13. Les propositions circonstancielles de cause et conséquence 30
14. Les propositions circonstancielles de but et de comparaison 34

J'utilise des outils pour écrire

15. Les reprises nominales et pronominales 36
16. Les connecteurs spatiaux et temporels 38
17. Les connecteurs logiques 42
18. La situation d'énonciation 46
19. Le discours indirect 48

CONJUGAISON

20. Analyser une forme verbale 50
21. Conjuguer pour se repérer dans le temps 52
22. Les temps simples de l'indicatif 54
23. Les valeurs du présent 56
24. Les valeurs des temps du récit au passé 58
25. Conjuguer avec un auxiliaire 60
26. Les modes personnels et non personnels 62
27. Conjuguer au subjonctif 64
28. Les emplois du subjonctif 66
29. Les particularités des verbes du 3e groupe 68
30. La forme impersonnelle 70
31. La forme pronominale 72

Achevé d'imprimer en juin 2016
par «La Tipografica Varese Srl» Varese
N° éditeur : 2016-1293
Dépôt légal : mars 2015

© Éditions Magnard – La photocopie non autorisée est un délit.

Sommaire

ORTHOGRAPHE

- 32. Les accords complexes sujet-verbe 74
- 33. Les terminaisons verbales *-ez*, *-é* ou *-er* 76
- 34. Les accords du participe passé 78
- 35. Les accords dans le GN 80
- 36. Le pluriel des noms composés 84
- 37. En chiffres ou en lettres ? 86
- 38. *Nul, tel, quel* 88
- 39. Le radical, ses préfixes et ses suffixes 90
- 40. Les homophones 92

VOCABULAIRE

- 41. Le vocabulaire de la peur 96
- 42. Le vocabulaire de l'étrange et du doute 98
- 43. Le vocabulaire des sensations et des émotions 100
- 44. Le vocabulaire des sentiments 102
- 45. Les verbes de parole 104
- 46. Le vocabulaire de la poésie : le rythme 106
- 47. Le vocabulaire de la poésie : les sonorités 108
- 48. Le vocabulaire pour exprimer son jugement 110
- 49. Le vocabulaire abstrait 112
- 50. Les figures de la comparaison et de l'hyperbole 114
- 51. Les figures d'opposition : l'antithèse et l'antiphrase 116

ÉVALUATIONS – VERS LA 3ᵉ

Je révise et je m'évalue

- Les pronoms 118
- Les expansions du nom 119
- Les verbes transitifs, intransitifs, attributifs 120
- Analyser un verbe 121
- Connaitre le vocabulaire de la poésie 122
- Étudier un texte 123
- Les accords 124

TABLEAUX DE CONJUGAISON 125

Aux termes du code de la propriété intellectuelle, toute reproduction ou représentation intégrale ou partielle de la présente publication, faite par quelque procédé que ce soit (reprographie, microfilmage, scannérisation, numérisation...), sans le consentement de l'auteur ou de ses ayants droit ou ayant cause, est illicite et constitue une contrefaçon sanctionnée par les articles L.335-2 et suivants du code de la propriété intellectuelle. L'autorisation d'effectuer des reproductions par reprographie doit être obtenue auprès du Centre Français d'exploitation du droit de Copie (CFC), 20 rue des Grands-Augustins – 75006 Paris – Tél. : 01 44 07 47 70 – Fax : 01 46 34 67 19.
© DR : malgré nos efforts, il nous a été impossible de joindre certains ayants droit mais nous avons réservé en notre comptabilité les droits usuels.

Édition : Gaëlle Mauduit
Responsable d'édition : Marie Bourboulou
Mise en page : Compo Meca
Illustration de couverture : Lise Hertzog
Maquette de couverture : Aude Cotelli

© Magnard – 2015
5, allée de la 2ᵉ D.B., 75015 Paris – www.magnard.fr
ISBN : 978-2-210-10711-3

1 Le verbe, le nom, l'article et l'adjectif

Ce que je sais déjà

Les deux femmes habitaient une **petite** maison à volets **verts**, le long d'une route, en *Normandie*, au centre du pays de *Caux*.

Guy de Maupassant, « Pierrot », *Les Contes de la bécasse*, 1883.

a. Quel est le point commun des mots en italique ?

....
....

b. Les mots en gras sont :
❏ des noms   ❏ des adjectifs

Je retiens

Le verbe, le nom, l'article et l'adjectif sont des noms variables.

■ Le verbe   ▶ Exercices 1, 2

- Le **verbe** est un mot qui peut se **conjuguer** : il varie en personne, en nombre et parfois en genre quand il a une forme au participe passé.
- Il est le **noyau du groupe verbal** (GV), de la proposition.
  Ex. : *Elles habitaient une petite maison.*

■ Le nom   ▶ Exercice 3

- Le nom désigne quelqu'un ou quelque chose. Il **varie en nombre** (singulier/pluriel).
- On distingue les noms communs des noms propres (lieu, personne) qui prennent une majuscule.
  Ex. : *La Normandie est une belle région.*

■ L'article   ▶ Exercices 1, 3, 4

L'article précise le genre et le nombre du nom qu'il précède.
- Les **articles indéfinis** (*un, une, des*) désignent un élément indéterminé.
- Les **articles définis** (*le, la, les*) désignent un élément dont on a déjà parlé ; associés aux prépositions *à* et *de*, ils forment les articles définis contractés (*à + le = au ; à + les = aux ; de + le = du ; de + les = des*) ;
  Ex. : *au centre du pays*
- Les **articles partitifs** (*du, de l', de la*) indiquent une **quantité non précisée** ou précèdent un nom abstrait. On peut remplacer l'article partitif *du* par « un peu de ».
  Ex. : *du pain ; de l'imagination.*

■ L'adjectif   ▶ Exercices 5, 6

- L'adjectif qualificatif **donne une précision** sur le nom ou le pronom auquel il se rapporte. Il s'accorde en genre et en nombre avec lui.
  Ex. : *une petite maison à volets verts.*
- Il peut exercer les fonctions d'**épithète** (on peut alors le supprimer) ou d'**attribut** (il est alors indispensable à la phrase).

Je m'exerce

1 a. **Encadre les verbes conjugués et souligne les noms.**

Comme elles possédaient, devant l'habitation, un étroit jardin, elles cultivaient quelques légumes.

Ibid.

b. **Quel article précède le nom « jardin » ? Justifie son emploi.**

....
....

Grammaire

2 **Lis la phrase suivante.**

Dès que Rose s'aperçut du larcin, elle courut prévenir madame, qui descendit en jupe de laine.

Ibid.

a. Combien de verbes conjugués comporte cette phrase ?
☐ 1   ☐ 2   ☐ 3

b. Pour chaque verbe, donne son infinitif.

....

3 **Écris ces noms au singulier, en choisissant l'article indéfini qui convient. Attention, il y a un intrus. Vérifie tes réponses à l'aide d'un dictionnaire.**

1. Des quêtes : ....
2. Des emblèmes : ....
3. Des espèces : ....
4. Des obsèques : ....
5. Des blasphèmes : ....
6. Des pétales : ....

4 **Complète le texte suivant avec les articles qui conviennent.**

Au loin, on pouvait apercevoir .... pauvre chaumière. .... demeure appartenait à .... fermier .... village. Depuis .... années, ... herbes folles avaient gagné .... terrain et on ne pouvait plus ouvrir .... porte de .... maison.

5 **a. Dans chaque phrase, souligne l'adjectif.**

b. Indique s'il est épithète ou attribut.

1. Jean était impatient d'épouser la jeune fille. ....
2. Leur union était heureuse. ....
3. Des fleurs fraiches jonchaient le sol pierreux de l'église. ....
4. Maupassant écrit des nouvelles réalistes et fantastiques. ....
5. « Les Sabots » est une nouvelle réaliste. ....

6 **a. Complète le texte suivant par des adjectifs qualificatifs. Identifie le genre et le nombre du nom qu'ils complètent pour choisir le bon accord.**

Le .... curé bredouillait les .... mots de son sermon au-dessus des bonnets .... des paysannes et des cheveux .... ou .... des paysans. Les .... paniers des fermières venues de loin pour la messe étaient posés à terre à côté d'elles ; et la .... chaleur d'un jour de juillet dégageait de tout le monde une odeur de bétail, un fumet de troupeau.

Guy de Maupassant, « Les Sabots », *Les Contes de la bécasse*, 1883.

b. Imagine une suite à ce texte. Elle commencera par : « Alors les jeunes mariés firent leur entrée... ». Utilise au moins un verbe, un article, un adjectif et un nom. Sois attentif aux accords.

....

....

....

7 *Réécriture*

Sur une feuille, réécris la phrase suivante en mettant le mot « femme » au pluriel. Effectue toutes les modifications nécessaires.

Assise devant la fenêtre, la jeune femme émue relisait avec bonheur la lettre que son tendre époux venait de lui envoyer.

2 Les déterminants et les pronoms

Je découvre

La jeune fille reçut une lettre d'amour. De bonheur, elle la serra entre ses mains délicates.

Quel nom le mot souligné remplace-t-il ?
❏ fille   ❏ lettre

Je retiens

Déterminants et pronoms forment deux classes grammaticales différentes.

■ Comment distinguer déterminants et pronoms ?
▶ Exercices 1, 2

- Le **déterminant** forme avec le nom un groupe nominal (GN).
  Ex. : *La jeune fille*
- Un **pronom remplace un nom** ou un GN. Il peut donc remplir les mêmes fonctions (sujet, COD, etc.).
  Ex. : *Elle la serra.*
       sujet COD

■ Comment les classe-t-on ?
▶ Exercice 3

- La classe des déterminants comprend les **articles** et les **déterminants démonstratifs, possessifs, interrogatifs** et **exclamatifs**.
  Ex. : *La jeune femme se rappela **son** premier amour.*
- La classe des pronoms comprend les **pronoms personnels** (*je, me, tu, te, il, le, elle, la, nous, vous, ils, elles, eux, leur, en, y…*) et les pronoms **démonstratifs, possessifs, relatifs** et **interrogatifs**.
  Ex. : ***Qui** va pouvoir l'aider ?*

■ La catégorie des indéfinis

- Ils indiquent :
  – une quantité imprécise : *certains, quelques…*
  – une totalité : *tous, tout, chacun…*
  – une chose ou une personne non précisée : *quelque chose, quelqu'un…*
- Certains peuvent être à la fois déterminants et pronoms. Il faut vérifier s'ils se rapportent à un nom ou s'ils le remplacent.
- Le pronom **on** désigne une personne non identifiée et s'emploie dans le langage courant.
  Ex. : ***On** (= nous) arrive ! Chut ! **On** pourrait nous entendre.*

■ Cas particuliers de *nul, tel, quel*
▶ Exercices 4, 5

- Ils prennent le genre et le nombre du nom qu'ils accompagnent.
  Ex. : *Je n'ai pas lu une **telle** lettre ; de **quel** livre parles-tu ? Je n'en vois **nulle** trace.*
  Pour bien accorder *nul, tel* et *quel*, il faut d'abord identifier leur classe grammaticale.
  Remarque : *Nul* et *tel* peuvent aussi être des pronoms. Ils prennent alors le genre et le nombre du nom qu'ils remplacent, ou restent au masculin singulier en l'absence de précision.
  Ex. : ***Tel** est pris qui croyait prendre.*

Je m'exerce

1 a. Dans le texte suivant, entoure les pronoms.

De toute ma vie je n'ai reçu que trois lettres de Meaulnes. Elles sont encore chez moi dans un tiroir de commode.

Alain-Fournier, *Le Grand Meaulnes*, 1913.

b. Le mot souligné est : ❏ un déterminant   ❏ un pronom

Justifie ta réponse : ....

Grammaire

2. Indique la classe grammaticale des mots en gras.

1. **Mon** ami a du chagrin. ....
2. **Il** a besoin d'être consolé. ....
3. Je **le** soutiens dans ce moment difficile. ....
4. **Les** peines de cœur le rendent mélancolique. ....
5. **Nul** ne peut comprendre ce qu'il a enduré. ....

3. Lis l'extrait suivant.

Mon cher ami,

Cette fois tout espoir est perdu. Je le sais depuis hier soir. La douleur, que je n'avais presque pas sentie tout de suite, monte depuis ce temps.

Ibid.

Classe dans le tableau suivant les déterminants et les pronoms de ce texte. Indique l'élément déterminé entre parenthèses.

Déterminants	Pronoms
Mon (cher ami)	
....	....
....	....
....	....

4. Complète les proverbes suivants.

1. .... a souvent besoin d'un plus petit que soi.
2. .... est pris qui croyait prendre.
3. .... n'apprend pas à un vieux singe à faire la grimace.
4. Comme on fait son lit, ... se couche.

5. Lis ce poème.

Je ne songeais pas à Rose ;

Rose au bois vint avec moi ;

Nous parlions de quelque chose,

Mais je ne sais plus de quoi.

Victor Hugo, « Vieille chanson du jeune temps », *Les Contemplations*, 1856.

a. **Quel est le pronom indéfini ?** ❏ moi ❏ quelque chose ❏ je

b. **Quelle est la classe grammaticale des deux autres pronoms ?**

....

6. *Réécriture*

Réécris les phrases suivantes en remplaçant les éléments en gras par le pronom qui convient.

1. **La jeune fille** est assise sur un banc. ....
2. **Elle et moi** attendons devant la maison. ....
3. À travers la fenêtre, on voyait **de la lumière**. ....
4. Je sais **que tu seras en retard**. ....

3 Les mots invariables

Je découvre

CLAUDINE. – Eh ! Monsieur, il n'est pas nécessaire. Non, Monsieur, vous n'avez que faire de vous donner cette peine-là ; et je vous rends service parce que vous le méritez, et que je me sens au cœur de l'inclination pour vous.

Molière, *George Dandin*, II, 4, 1668.

a. Les mots encadrés sont :
  ❏ des articles
  ❏ des conjonctions de coordination
  ❏ des verbes

b. Le mot souligné est :
  ❏ une préposition ❏ une interjection

Je retiens

Certains mots dans la phrase ne changent jamais de forme : ils sont **invariables**.

■ Les mots-phrases
▶ Exercice 2

- On appelle « mot-phrases » des mots qui peuvent à eux seuls former une phrase. C'est le cas des interjections, des onomatopées
- Les **interjections** expriment des émotions. Ce sont des mots, ou des groupes de mots invariables souvent suivis d'un point d'exclamation.
  Ex. : CLAUDINE. – *Eh !* (exprime la surprise)
- Les **onomatopées** reproduisent le son qu'elles évoquent.
  Ex. : *Atchoum !*
- Certains **adverbes**, d'affirmation ou de négation, peuvent former une phrase.
  Ex. : *Non. Soit.*

■ Les mots-outils
▶ Exercices 3, 4, 5, 6

- Les prépositions et les conjonctions **lient les mots et les groupes de mots** entre eux.
- Les **prépositions** (*à, de, pour…*) introduisent des compléments (un GN, un pronom ou un infinitif).
  Ex. : *Je me sens au cœur de l'inclination pour vous.*
- Les **conjonctions de coordination** (*mais, ou, et, donc, or, ni, car*) font le lien entre des mots ou des groupes de mots de même fonction grammaticale.
- Les **conjonctions de subordination** (*que, quand, si, comme…*) introduisent une proposition subordonnée. La plus fréquente est *que* et ses composés (*parce que, dès que, bien que…*).
  Ex. : *Je vous rends ce service parce que vous le méritez.*

Je m'exerce

1 Dans le texte suivant, entoure tous les mots invariables.

LUBIN. – Oui. Vous avez été tout rapporter au mari, et vous êtes cause qu'il a fait du vacarme. Je suis bien aise de savoir que vous avez de la langue, et cela m'apprendra à ne vous plus rien dire.

Ibid.

2 Trouve une interjection pour les émotions suivantes.

1. Le soulagement. .... 3. La surprise. ....
2. La douleur. .... 4. L'admiration. ....

Grammaire

3 Lis l'extrait suivant.

CLITANDRE. – [...] Il me faudrait des journées entières pour me bien expliquer à vous de tout ce que je sens, et je ne vous ai pas dit encore la moindre partie de ce que j'ai à vous dire.

Ibid.

a. **Entoure toutes les prépositions.**

b. **Quel mot suit la préposition « à » ? À quelle classe grammaticale appartient ce mot ?**

....

4 Complète le texte suivant avec les conjonctions de coordination qui conviennent.

George Dandin .... Angélique sont mariés .... ils ne sont pas heureux. En effet, George Dandin est persuadé que son épouse le trompe .... Clitandre lui fait les yeux doux. Il espionne .... fait surveiller sa femme. Celle-ci se sent mal-aimée .... fait tout pour le rendre jaloux.

5 Complète les phrases suivantes avec la conjonction de subordination qui convient.

1. Le personnage est comique .... il se ridiculise.
2. Le spectateur se demande .... George Dandin va réussir à révéler les mensonges de sa femme.
3. .... le rideau se lève, George Dandin est seul sur scène.
4. Molière sait .... sa pièce est réussie .... le public rit.

6 a. **Replace les mots suivants dans l'extrait ci-dessous :** quoi – que – comment – de grâce – en – ah ! – quand – envers – pendard – mais.

Harpagon croit que Valère l'a volé. Valère croit qu'il parle de sa fille dont il est amoureux.

VALÈRE. – .... Monsieur. [...] Il est vrai que j'ai commis une offense .... vous ; ...., après tout, ma faute est pardonnable.

HARPAGON. – .... pardonnable ? Un guet-apens, un assassinat de la sorte ?

VALÈRE. – ...., ne vous mettez point .... colère. .... vous m'aurez ouï, vous verrez .... le mal n'est pas si grand que vous le faites.

HARPAGON. – [...] .... ! mon sang, mes entrailles, ... !

Harpagon (Jacques Sereys), *L'Avare*, dans une mise en scène de Jérôme Savary, Théâtre National de Chaillot, Paris, mars 1999.

Molière, *L'Avare*, V, 3, 1668

b. **Identifie la classe grammaticale de ces mots en les recopiant dans la bonne ligne.**

Interjections : ....

Prépositions : ....

Conjonctions de subordination : ....

Conjonction de coordination : ....

7 *Écriture*

Sur une feuille, imagine, dans une scène de théâtre, qu'Angélique reproche à George Dandin sa jalousie excessive. Tu feras commencer chaque réplique par une interjection.
Hé ! – Comment ? – Ma foi ! – Ah !.

© Éditions Magnard – La photocopie non autorisée est un délit.

4 Les adverbes

Je découvre

Selon toute apparence, [le château] avait été **temporairement** et tout **récemment** abandonné. Nous nous installâmes dans une des chambres les plus petites et les moins somptueusement meublées.

Edgar Allan Poe, « Le portrait ovale », *Nouvelles Histoires extraordinaires*, traduit de l'anglais par Charles Baudelaire, 1857.

a. Quel est le point commun des mots en gras ?
....

b. Trouve dans le texte un autre mot construit de la même manière.
....

Je retiens

- Les **adverbes** sont des **mots invariables**. Ils modifient la phrase entière ou portent sur un mot. On peut souvent les supprimer.

■ Comment forme-t-on les adverbes ?   ▶ Exercices 2, 3

- Les adverbes de **manière** sont souvent formés à partir d'un adjectif au féminin auquel se rajoute le suffixe *-ment*.
  Ex. : *douce-ment – lente-ment – somptueuse-ment*

- Il existe quelques constructions particulières :
  gentil/gentiment – évident/évidemment – courant/couramment

- Beaucoup d'adverbes sont des locutions adverbiales. Ils sont formés de plusieurs mots.
  Ex. : *à présent, tout de suite, à jamais, par cœur*

■ À quoi servent les adverbes ?   ▶ Exercices 4, 5

	Comment les reconnaitre ?	Leur rôle	Exemples
Adverbes liés à la phrase entière	Ces sont des mots-phrases.	Ils indiquent : – le lieu ou le temps ; – un lien chronologique. Ils peuvent introduire : – une phrase exclamative ; – une phrase interrogative.	*Il pleut souvent.* *Comme il est beau !* *Quand viendras-tu ?*
Adverbes liés au mot	Ce sont des mots qui portent sur des verbes, des adjectifs ou d'autres adverbes.	Ils indiquent la manière, la quantité, la négation.	*Il lit vite.* (manière) *Elle dort peu.* (quantité)

Je m'exerce

1 Souligne les adverbes dans les phrases suivantes.

1. Cette histoire fantastique est particulièrement effrayante.
2. On ne sut jamais ce que devint cette jeune fille.
3. Quand l'avez-vous rencontrée ?
4. Sa beauté l'impressionna fortement.

Grammaire

2. Forme les adverbes correspondant aux adjectifs suivants.

1. Chaleureux :	5. Soudain : ....
2. Terrible :	6. Immédiat : ....
3. Passionné :	7. Langoureux : ....
4. Alternatif :	8. Sournois : ....

3. a. Souligne les adverbes dans le texte suivant.

À peine au tiers du relais, elle ruissela, aveuglée, souillée elle aussi d'une boue noire. Sa chemise étroite, comme trempée d'encre, collait à sa peau, lui remontait jusqu'aux reins dans le (mouvement) des cuisses ; et elle en était si douloureusement bridée, qu'il lui fallut lâcher encore la besogne.

Qu'avait-elle donc, ce jour-là ? Jamais elle ne s'était senti ainsi du coton dans les os. Ça devait être un mauvais air.

Émile Zola, *Germinal*, 1885.

b. À quelle classe grammaticale appartient le mot entouré ?

....

4. Classe les adverbes suivants selon qu'ils indiquent le lieu, le temps, la manière ou la quantité.

Beaucoup – vite – jamais – ici – comment – n'importe où – souvent – rapidement – peu – tout le temps – jadis – ailleurs – facilement – presque – davantage – naguère – très – enfin – déjà – partout – environ – autant.

Le lieu	Le temps	La manière	La quantité
....	....	....	....
....	....	....	....
....	....	....	....
....	....	....	....
....	....	....	....

5. Complète ce texte avec des adverbes de ton choix.

Comme j'eus peur ! .... voilà que .... je commençai à m'apercevoir dans une brume, au fond du miroir, dans une brume comme à travers une nappe d'eau ; et il me semblait que cette eau glissait de gauche à droite, ..., rendant plus précise mon image, de seconde en seconde. C'était comme la fin d'une éclipse. Ce qui me cachait ne paraissait point posséder de contours .... arrêtés, mais une sorte de transparence opaque, s'éclaircissant ....

Guy de Maupassant, *Le Horla*, 1887.

6. *Réécriture*

Réécris ces phrases en ajoutant cinq adverbes de ton choix dans l'ensemble du texte.

Les bougies s'éteignirent et la vaste pièce fut plongée dans le noir. Une porte claqua et je me retournai : l'apparition était devant moi.

....
....
....

7. *Écriture*

Imagine un rêve. Écris-le sur une feuille en commençant ton texte par « Il y avait environ une heure que je dormais quand… ».

5 Les expansions du nom

> On dit que « l'univers est en **expansion** » pour signifier qu'il n'est pas fini, qu'il s'étend.

Ce que je sais déjà

Sur l'onde **calme** et **noire** où dorment les étoiles
La **blanche** Ophélia flotte comme un grand lys,
Flotte très lentement, couchée en ses longs voiles [...]
Arthur Rimbaud, *Poésies*, 1870.

a. À quel nom renvoient les mots en gras ?
....

b. Par quels éléments est complété le nom « Ophélia » ?
....
....

Je retiens

On appelle « expansions du nom » les mots qui forment un GN autour d'un nom noyau.

■ L'adjectif qualificatif épithète ▶ Exercice 2

- Il est placé avant ou après le nom noyau. Il s'accorde avec lui en genre et en nombre.
  Ex. : *Sur l'onde calme et noire*

■ Le complément du nom (CDN) ▶ Exercice 4

- Placé après le nom noyau, le CDN est introduit par une préposition (*de, à, en, pour*).
- Le CDN est un groupe prépositionnel (GP). Il peut comporter :
  – un nom. Ex. : *Une dictée sans faute.*
  – un pronom. Ex. : *Une lettre de toi.*
  – un infinitif. Ex. : *Une machine à coudre.*
  – un adverbe. Ex. : *Des romances de toujours.*

■ La proposition subordonnée relative ▶ Exercices 5, 6

- Elle est introduite par un **pronom relatif** qui remplace le nom ou le pronom qu'elle complète. Ce nom ou pronom s'appelle l'antécédent. La proposition a pour fonction **complément de l'antécédent** (Cplt Ant).
  Ex. : *Sur l'onde calme et noire où dorment les étoiles.*
       Ant.   Prop. sub. rel.
- Les pronoms relatifs sont simples *(qui, que, quoi, dont, où)* ou composés *(lequel, auxquelles…)*.

Je m'exerce

1 a. Quelles sont les expansions des noms encadrés ? Recopie-les

M. Dufour, que secouait un hoquet violent, avait déboutonné son gilet et le haut de son pantalon [...]

Guy de Maupassant, « Une partie de campagne », 1881.

Un complément du nom : ....
Une proposition subordonnée relative : ....

b. Quelle est la fonction de l'adjectif « violent » ?
....

Grammaire

2 Ajoute à chaque nom souligné un adjectif qualificatif épithète.
1. Les <u>étoiles</u> .... brillaient dans la nuit.
2. Le poète s'inspire de la <u>nature</u> ....
3. L' .... <u>espoir</u> de la revoir est perdu.
4. Arthur Rimbaud est le poète de la <u>révolte</u> ....

3 Lis l'extrait de poème suivant.

> Dans le vieux parc solitaire et glacé
> Deux spectres ont évoqué le passé.
>
> **Paul Verlaine**, « Colloque sentimental », *Fêtes galantes*, 1869.

William Degouve de Nuncques, *Nocturne au Parc Royal de Bruxelles*, pastel, 1897, musée d'Orsay, Paris.

a. Dans le premier vers, relève les expansions du nom « parc ».
....

b. Quelles sont leurs classes et fonctions grammaticales ?
....

4 Dans le texte de l'exercice 3, ajoute un CDN aux noms du dernier vers.
Deux spectres .... ont évoqué le passé ....

5 À partir du nom suivant, ajoute une nouvelle expansion afin d'obtenir un vaste GN (jeu de la pyramide).

Ex. :   la nuit
        la nuit tranquille
        la nuit tranquille de l'été
        la nuit tranquille de l'été que les étoiles éclairent

Nom : l'enfant
Ajoute un adjectif qualificatif épithète : ....
Ajoute un CDN : ....
Ajoute une prop. sub. relative : ....

6 a. Dans le texte suivant, souligne les différentes expansions du nom.

> Au moyen d'une planchette, Loulou fut établi sur un corps de cheminée qui avançait dans l'appartement. Chaque matin, en s'éveillant, elle l'apercevait à la clarté de l'aube, et se rappelait alors les jours disparus, et d'insignifiantes actions jusqu'en leurs moindres détails, sans douleur, pleine de tranquillité.
>
> **Gustave Flaubert**, « Un cœur simple », 1887.

b. Classe-les dans le tableau suivant selon leur fonction. Indique le nom auquel elles se rapportent entre parenthèses.

Adjectif qualificatif épithète	Complément du nom	Proposition subordonnée relative
....	....	....
....	....	....
....	....	....

7 *Écriture*

Sur une feuille, décris la personne de ton choix, le plus précisément possible, en utilisant le maximum d'expansions du nom.

6 L'apposition

Je découvre

La porte vitrée était ouverte, on apercevait le couloir du palier, **l'espèce de boyau** où le père et la mère occupaient un quatrième lit, contre lequel ils avaient dû installer le berceau de la dernière venue, *Estelle*, âgée de trois mois à peine.

Émile Zola, *Germinal*, 1885.

a. Que désigne le GN en gras ?
   ❑ le couloir du palier   ❑ la porte vitrée
   ❑ le berceau de la dernière venue

b. Quelle information apporte le mot en italique ?
....
....

Je retiens

■ Définition
▶ Exercices 2, 3

- L'apposition appartient aux expansions du nom. Elle permet d'apporter des informations sur un nom ou un GN.
- Le plus souvent, l'apposition suit le nom ou le GN qu'elle précise. Elle en est séparée par un signe de ponctuation (virgule, deux-points).
  Ex. : *la dernière venue, Estelle.*

■ Quels mots peuvent être apposés ?
▶ Exercices 4, 5

- Une apposition peut être un **adjectif qualificatif**. Il faut alors faire attention à l'accord.
  Ex. : *Il attendait, **impatient**. **Impatiente**, elle attendait.*
- Un **nom**, un **groupe nominal**, un **groupe prépositionnel** et certaines **propositions relatives** peuvent aussi être apposés.
  Ex. : *Estelle, **petite dernière**, dormait dans un lit, **simple caisse de bois**.*

Je m'exerce

1 Lis l'extrait de poème suivant.

[…] L'omnibus, ouragan de ferraille et de boues,
Qui grince, mal assis entre ses quatre roues […]

Paul Verlaine, *La Bonne chanson*, 1870.

a. Dans cet extrait, souligne les appositions.
b. Sur quel mot apportent-elles des précisions ?

....

2 Lis l'extrait de poème suivant.

[…] Petit-Poucet rêveur, j'égrenais dans ma course
Des rimes. Mon auberge était à la Grande-Ourse. […]

Arthur Rimbaud, « Ma Bohème », *Fantaisie*, 1870.

a. Quelle apposition précise le pronom entouré ?

....

b. Que remarques-tu sur sa position dans la phrase ?

....

Grammaire

3 **a. Lis le texte suivant.**

Le grand chagrin de M. Chabre était de ne pas avoir d'enfant. Il avait épousé une demoiselle Catinot, de la maison Desvignes et Catinot, la blonde Estelle, grande belle fille de dix-huit ans ; et, depuis quatre ans, ⟨il⟩ attendait, anxieux, consterné, blessé de l'inutilité de ses efforts.

Émile Zola, « Les coquillages de M. Chabre », 1876.

a. Combien d'appositions précisent le pronom entouré ?

☐ 2   ☐ 3   ☐ 4

b. Dans l'ensemble de l'extrait, relève deux appositions composées d'un GN.

....

4 **Complète ces phrases en ajoutant une apposition au mot ou GN souligné.**

1. La voiture, ..., arriva sur la place à toute allure.

2. ...., les plus jeunes enfants s'endormirent pendant le spectacle.

3. Émile Zola, ..., vécut au XIXe siècle.

4. Les pommes et les poires, ..., sont délicieuses en tarte.

5 **a. Dans chacune des phrases suivantes, souligne l'apposition.**

b. Pour chaque apposition, indique s'il s'agit d'un adjectif, d'un nom, d'un GN, d'un groupe prépositionnel ou d'une proposition subordonnée relative.

1. Cette épice, que l'on trouve en Inde, est parfaite pour accompagner du poulet. ....

2. Ce temps, pluvieux, a gâché nos vacances. ....

3. Les coquillages, bijoux des mers, jonchent la plage. ....

4. L'atmosphère de Vénus, qui contient du gaz carbonique, piège le rayonnement solaire. ....

5. La danseuse, silhouette gracile, effectue des pas chassés. ....

6. Cette personne, d'âge mûr, doit surveiller son apport en calcium. ....

6 **Lis cet extrait de poème.**

[…] Quoi ? que regarde-t-elle ? Elle ne sait pas. L'eau,

Un bassin **qu'assombrit le pin et le bouleau** ;

Ce qu'elle a devant elle ; un cygne aux ailes blanches, […]

Victor Hugo, « La Rose de l'infante », *La Légende des siècles*, 1859-1883.

a. Ajoute une apposition aux deux noms soulignés.

....

b. Transforme la proposition en gras en apposition du mot « bassin ».

....

7 *Écriture*

Sur une feuille, réécris ce texte en y ajoutant trois appositions.

[…] Dans la plaine

Naît un bruit.

C'est l'haleine

De la nuit. […]

Victor Hugo, « Les Djinns », *Les Orientales*, 1829.

7. Verbes transitifs, verbes intransitifs

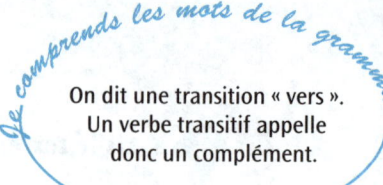

On dit une transition « vers ». Un verbe transitif appelle donc un complément.

Ce que je sais déjà

Bourdoncle hochait la tête de satisfaction. [...] Autour de la table, les employés coupaient et lisaient, avec un bruit continu de papier froissé, tandis que, devant les casiers, commençait **le va-et-vient des articles**.

Émile Zola, *Au Bonheur des Dames*, 1883.

a. Quelle est la fonction du groupe nominal en gras ?
❏ sujet   ❏ complément d'objet

b. Quelle est la fonction du groupe nominal souligné ?
❏ sujet   ❏ complément d'objet

Je retiens

■ Le verbe et ses compléments d'objet

- Les **verbes transitifs** sont suivis d'un ou de plusieurs compléments d'objet (CO). Le verbe et ses compléments d'objet forment le groupe verbal.
- Les verbes **transitifs indirects** utilisent une préposition (*à, de, sur*…) pour introduire leur complément.

	Introduisent	Exemples
Verbes transitifs directs ▶ Exercices 1, 2	COD	*Bourdoncle hochait* [quoi ?] ***la tête***.
Verbes transitifs indirects ▶ Exercices 3, 4, 14	COI	*Mouret s'attendait* [à quoi ?] ***à cette remarque***.
	COS	*Mouret promet* [à qui ?] ***au chef de service*** *(COI/S)* [quoi ?] ***qu'ils vont réussir*** *(COD)*.

- Les CO sont des **noms**, des **groupes nominaux** (GN), des **groupes prépositionnels** (GP), des **verbes à l'infinitif**, des **propositions subordonnées** et des **pronoms personnels** (*le, la, les, lui, leur, en, y*…), **relatifs** (*que, à qui*…), etc.
  Remarque : Quand le COI est un pronom personnel, la préposition n'est pas forcément exprimée.
  Ex. : *Mouret le lui promet.*
             COD COS

  ▶ Exercices 11, 12, 13

■ Le verbe sans complément d'objet

- Les **verbes intransitifs** sont ceux qui n'ont **pas de complément d'objet**.
  Ex. : *Il marche vite.* ▶ Exercices 5, 6, 7, 10
- Un même verbe peut être tantôt transitif, tantôt intransitif et avoir des sens différents selon sa construction. ▶ Exercices 8, 9
  On parle d' « emploi absolu » quand un verbe transitif est employé sans CO.
  Ex. : *Les employés coupaient. L'employé a coupé l'eau. Il ne va pas y couper.*
                                             COD   COI

Je m'exerce

1
a. **Souligne le pronom dans la phrase suivante.**
Madame, veuillez me suivre.

b. **Quelle est sa fonction ?** ....

c. **Le verbe *suivre* est donc :**   ❏ transitif direct   ❏ transitif indirect   ❏ intransitif

Grammaire

2 Pour chaque verbe, propose un groupe synonyme contenant un verbe transitif direct.

Ex. : *Crier : pousser un cri.*

1. sourire : ....
4. voyager : ....

2. protester : ....
5. expirer : ....

3. vaincre : ....
6. soupirer : ....

3 a. Pour chacune des phrases suivantes, précise si le groupe en gras est COD ou COI.

b. Écris, en fin de ligne, l'infinitif du verbe souligné puis « transitif direct » ou « transitif indirect ».

1. Nous <u>avons appris</u> **nos leçons**. ....
2. Cette décision **vous** <u>appartient</u>. ....
3. **L'appartement qu**'elle <u>a visité</u> est très lumineux. ....
4. Emma <u>songe</u> **à ses amours passées**. ....

4 Complète ces phrases avec le complément d'objet demandé.

1. Le beau miroir réfléchit (COD) ....
2. Réfléchis bien (COI) ....
3. En technologie, j'ai appris (COI) ....
4. C'est en revenant du collège que j'ai appris (COD) ....

5 Place chaque verbe dans la colonne qui convient :

aboyer – appartenir – attendre – culminer – déjeuner – manger – se moquer.

Verbe transitif direct	Verbe transitif indirect	Verbe intransitif

6 Précise pour chaque phrase si le verbe est intransitif, transitif direct ou indirect.

1. Elle chantait un air de son enfance. ....
2. Le rossignol chante au printemps. ....
3. Allez-y, si cela vous chante. ....
4. Elle chante faux ! ....
5. L'aède chante les exploits d'Ulysse. ....

7 À l'aide d'un dictionnaire, remplis les cases avec un exemple chaque fois que c'est possible.

	Transitif direct	Transitif indirect	Intransitif
Toucher			
Attendre			
Dormir			
Tenir			
Rêver			

8. Lis le texte suivant.

Cléante se confie à sa sœur Élise.

ÉLISE. — Me voilà prête à vous ouïr, mon frère. Qu'avez-vous à me dire ?

CLÉANTE. — Bien des choses, ma sœur, enveloppées dans un mot. J'aime.

ÉLISE. — Vous aimez ?

CLÉANTE. — Oui, j'aime.

Molière, *L'Avare*, I, 2, 1668.

a. Comment est construit ici le verbe « aimer » ?
❏ sans complément ❏ avec complément

b. Comment appelle-t-on cet emploi ?
❏ transitif ❏ absolu

c. Selon vous, pourquoi Cléante n'utilise-t-il pas de COD ?

....

9.
a. Lis la strophe suivante. Le GN en gras complète cinq verbes. Souligne-les.

N'écris pas ces **doux mots** que je n'ose plus lire :

Il semble que ta voix les répand sur mon cœur ;

Que je les vois brûler à travers ton sourire ;

Il semble qu'un baiser les empreint sur mon cœur.

N'écris pas !

Marceline Desbordes-Valmore, « Les Séparés », *Poésies*, 1830.

b. « Écrire » est un verbe utilisé le plus souvent de façon : ❏ transitive ❏ intransitive

c. Quel effet produit son emploi au dernier vers ?

....

10. Lis les phrases suivantes.

1. Mais la panique <u>souffla</u> .... plusieurs jours encore.

....

2. À neuf heures et demie, une cloche <u>avait sonné</u> .... le déjeuner de la première table.

....

3. Dans les cases s'étageaient de grosses pièces, que les vendeurs <u>descendaient</u> ...., une à une, d'un brusque effort des bras.

....

4. Personne ne <u>parla</u> .... plus.

....

5. Au second, la course <u>recommença</u>. ....

....

Émile Zola, *Au Bonheur des Dames*, 1883.

a. Après chaque verbe souligné, écris :
– *trans.* s'il est employé transitivement,
– *intrans.* s'il est employé intransitivement.

b. Propose ensuite une phrase avec le même verbe dans son autre emploi.

Grammaire

11. Lis le texte suivant.

HARPAGON. – Il n'est pas question d'honneur là-dedans. Mais, dis-moi, qui t'a porté à cette action ?

VALÈRE. – Hélas ! .... demandez-vous ?

HARPAGON. – Oui, vraiment, je .... demande.

VALÈRE. – Un dieu qui porte les excuses de tout ce qu'il fait faire, l'Amour.

HARPAGON. – L'Amour ?

Molière, *L'Avare*, Acte V, scène 3, 1668.

a. **Remplace les pointillés par les pronoms *je*, *me*, *te*, *t'* et *le*. Tu peux les utiliser plusieurs fois.**

b. **Le verbe « porter » a-t-il ❏ un COD ❏ un COI ?**

12. a. Remplace les pronoms soulignés par un complément d'objet en respectant la nature grammaticale demandée entre parenthèses.

1. La serveuse les (GN) apporte. ....

2. Tu me l' (proposition) as promis. ....

3. Nous leur (GN) en (GP) envoyons chaque année. ....
....

4. Le principal les (GN) y (groupe à l'infinitif) invite. ....

b. **Précise la fonction des compléments d'objet.**

13. Lis les phrases suivantes.

1. On recommandait aux vendeurs de ne pas amonceler ainsi les dentelles précieuses.
....

2. – Regarde donc, maman, disait Blanche [...] , on pourrait prendre de ça pour les oreillers.
....

Émile Zola, *Au Bonheur des Dames*, 1883.

a. **Réécris le sujet et le groupe verbal en remplaçant le groupe souligné par un pronom.**

b. **Relève dans les phrases ci-dessus un verbe transitif employé sans complément.**
....

14. Lis la phrase suivante.

ÉLISE. – Finissons auparavant votre affaire, et me dites qui est celle que vous aimez.

Molière, *L'Avare*, Acte I, scène 2, 1668.

a. **Dans cette réplique, quels sont les compléments du verbe *dire* ? Donne leur classe grammaticale et leur fonction précise.**
....

b. **Réécris la deuxième proposition en français moderne.**
....

c. **Quelle modification as-tu faite ?** ....
....

15. *Écriture*

Sur une feuille, rédige trois phrases dans lesquelles tu utiliseras le même verbe dans une construction différente. Aide-toi du tableau de l'exercice 7.

8 Les verbes attributifs

Ce que je sais déjà

Le premier visage qu'il aperçut, en entrant chez le barbier, fut **celui de son ami Marcel** […]. Le pauvre garçon venait peut-être chercher de quoi payer son souper de la veille ; il semblait fort préoccupé, et fronçait les sourcils d'un air peu satisfait […].

Alfred de Musset, *Mimi Pinson*, 1845.

a. Le groupe de mots en gras caractérise :
❏ Le premier visage qu'il aperçut   ❏ le barbier
b. Les adjectifs soulignés ont la même fonction :
❏ vrai   ❏ faux

Je retiens

Les **verbes attributifs** relient **le sujet** et **l'attribut du sujet** qui le caractérise.

■ Les verbes attributifs

- Le verbe **être** est le plus courant des verbes attributifs. Il peut remplacer tous les autres verbes attributifs. ▶ **Exercice 1**

- Les autres verbes donnent des **nuances** de sens : une **apparence** (*sembler, paraitre, avoir l'air*), le **début** d'un nouvel état (*devenir, tomber*), la **continuation** d'un état (*rester, demeurer*).
Ex. : *Il **semblait** fort préoccupé.* ▶ **Exercices 2, 3**

- Certaines formes **pronominales** sont aussi suivies d'un attribut du sujet : *se montrer, se révéler, s'annoncer, se prendre pour…*
Ex. : *Mimi **se montre** généreuse.*
Attention : Un verbe attributif peut être suivi d'un complément de lieu ou de temps.
Ex. : *Marcel **est** son ami. ≠ Marcel **est** chez le barbier.* ▶ **Exercice 5**

■ L'attribut du sujet

- L'attribut du sujet s'accorde avec le sujet.
- L'attribut est le plus souvent : ▶ **Exercice 4**

un **adjectif** ou un participe passé employé comme adjectif.	Ex. : *Il semblait **soucieux, préoccupé**.*
– un **GN** – un **GN prépositionnel**, souvent équivalent à un adjectif	Ex. : *Marcel est **un jeune étudiant**.* Ex. : *Il s'est montré **d'une naïveté** !*
un **pronom**	Ex. : *Elle paraissait pauvre. Elle **l'**était.*
un **adverbe**	Ex. : *Elle a l'air **bien**.*

Je m'exerce

1 **Lis le texte suivant.**

Roger, quand je le connus, était plus âgé que moi de trois ans ; il était lieutenant ; moi, j'étais enseigne. Je vous assure que c'était un des meilleurs officiers de notre corps […]. Il était malheureusement un peu fier et susceptible […].

Prosper Mérimée, « *La Partie de trictrac* », 1830.

a. **Encadre le verbe *être* employé cinq fois dans l'extrait.**
b. **Souligne les sujets du verbe *être*.**

Grammaire

2 **Lis les phrases suivantes.**

Elle semblait un portrait de Véronèse avec ses cheveux d'un blond luisant […]. Ses yeux étaient bleus. […]

Guy de Maupassant, *Une Vie*, 1883.

a. Relève les deux verbes attributifs présents dans ces phrases. ....
b. Réécris les deux phrases en remplaçant « elle » par « elles ». Effectue les modifications nécessaires.
....
....

3 **Lis l'extrait suivant.**

Tout à coup Julien entra. Jeanne stupéfaite ne le reconnaissait plus. Il s'était rasé. Il était beau, élégant et séduisant comme aux jours de leurs fiançailles. Il serra la patte velue du comte qui sembla réveillé par sa venue, et baisa la main de la comtesse dont la joue d'ivoire rosit un peu, et dont les paupières eurent un tressaillement. Il parla. Il fut aimable comme autrefois. Ses larges yeux, miroirs d'amour, étaient redevenus caressants.

Ibid.

a. Encadre les verbes attributifs. Quel est leur infinitif ? ....
b. Souligne les attributs du sujet.
c. Précise la fonction des adjectifs dans la dernière phrase. ....
....

4 **Lis l'extrait suivant.**

Jeanne a découvert une liaison entre son mari Julien et la comtesse de Fourville.

Après la première émotion passée, son cœur était redevenu presque calme, sans jalousie et sans haine, mais soulevé de mépris. Elle ne songeait guère à Julien ; rien ne l'étonnait plus de lui ; mais la double trahison de la comtesse, de son amie, la révoltait. Tout le monde était donc perfide, menteur et faux.

Ibid.

Place les attributs du sujet présents dans le texte dans le tableau suivant, selon leur classe.

Adjectif	Participe passé employé comme adjectif	Groupe nominal prépositionnel
....	....	....
....	....	....

5 **Barre les phrases dans lesquelles le groupe souligné n'est pas un attribut du sujet.**

1. Vous demeurez rue Renoir. Vous demeurez stupéfaits.
2. Elle est d'une beauté remarquable. Elle est en voiture.
3. Cette nouvelle parut en 1882. Elle parait bien.

Sur le modèle de l'extrait de l'exercice 1, rédige, sur une feuille, le portrait d'une amie. Pour t'aider, commence par recopier l'extrait puis barre tous les mots que tu ne garderas pas. Vérifie l'accord des attributs du sujet.

9 La voix passive et le complément d'agent

Ce que je sais déjà

À onze heures, la famille se retira et, dès onze heures et demie, toutes les lumières étaient éteintes.

Oscar Wilde, *Le fantôme de Canterville*, 1891, trad. Jules Castier, © Stock, 1979 pour la trad., Livre de poche, 1979.

a. Quel est le sujet de « étaient éteintes » ?
....

b. Qui a éteint les lumières ?
....
....

Je retiens

■ La voix active et la voix passive

- Pour **reconnaitre la voix d'un verbe**, il faut s'interroger sur qui fait l'action du verbe.
  – **À la voix active**, le sujet accomplit l'action exprimée par le verbe.
  – **À la voix passive**, le sujet subit l'action ; c'est le complément d'agent, lorsqu'il est exprimé, qui accomplit l'action exprimée par le verbe.
  Ex. : *Quelque temps après, Mr. Otis fut réveillé par un bruit bizarre […].*

▶ Exercice 1

- Seuls les **verbes transitifs directs** peuvent être mis à la voix passive.
  Lorsqu'on passe de la voix active à la voix passive :
  – le COD du verbe de la phrase active devient le **sujet** du verbe passif ;
  – le **sujet** du verbe de la phrase active devient le **complément d'agent** du verbe passif ;
  – le verbe à la voix passive est construit avec l'**auxiliaire *être* et le participe passé**.
  Ex. : *Un bruit bizarre réveilla Mr Otis.* = Phrase active
        Sujet   COD

  Mr. Otis fut réveillé par un bruit bizarre. = Phrase passive
   Sujet   Complément d'agent

▶ Exercices 2, 3

- Pour savoir à quel temps est conjugué un verbe à la voix passive, il faut regarder le temps de l'auxiliaire *être*.

▶ Exercice 4

■ Le complément d'agent

▶ Exercice 5

- **Le complément d'agent** indique **qui accomplit l'action**.
  Il est introduit par la préposition *par* ou *de*.
  Remarque : Une chose, une idée peuvent accomplir l'action.

- Si le complément d'agent n'est pas exprimé, le sujet de la voix passive est le pronom **on**.
  Ex. : *Les résultats viennent d'être annoncés.* → *On vient d'annoncer les résultats.*

Je m'exerce

1 Indique si les verbes soulignés sont à la voix active ou à la voix passive.

1. Cette œuvre d'art <u>a été retrouvée</u> après un vol. ....
2. La sonnerie <u>réveilla</u> l'élève endormi. ....
3. La classe <u>a appris</u> une fable de La Fontaine. ....
4. Le traitement <u>a été conçu</u> par de grands scientifiques. ....

Grammaire

2 **Transforme les phrases suivantes à la voix passive.**

1. Les adhérents réservent dix places.

....

2. Nos services pourront vous accueillir dès le 25 août.

....

3. Le tribunal a condamné l'assassin à la perpétuité.

....

4. Des ouragans auraient ravagé toute la région côtière.

....

3 **Lis les phrases suivantes.**

1. Enfin, tu l'as deviné, Natalie, et peut-être vaut-il mieux que tu saches tout : oui, ma vie est dominée par un fantôme […].
2. Je fus pétrifié par un regard animé d'une sainte colère […].

Honoré de Balzac, *Le Lys dans la vallée*, 1835.

Transforme-les à la voix active.

....
....
....

4 **Indique à quel temps sont conjugués ces verbes à la voix passive.**

1. Ce jeune garçon est dévoré par l'ambition. ....
2. Autrefois, la boulangerie était située près de l'église. ....
3. Cette lettre avait été envoyée avant ton départ. ....
4. Les deux familles seront invitées au mariage. ....
5. Les élèves furent enchantés de leur voyage scolaire. ....

5 **Propose à tes camarades deux phrases passives sans complément d'agent sur le modèle :**

Cette affaire ne sera jamais élucidée. → On n'élucidera jamais cette affaire.

....
....

6 *Réécriture*

Réécris ce court texte à la voix active.

Ce vaccin a été mis au point par des chercheurs. Il a été élaboré à partir d'une souche bactérienne.

À court terme, ce traitement sera utilisé comme solution efficace pour lutter contre certaines infections.

....
....
....

7 *Écriture*

Sur une feuille, imagine la suite d'un compte rendu policier. Tu emploieras le maximum de verbes à la voix passive. Ton texte commencera par :

« **La police judiciaire a été chargée de l'enquête...** »

10 La phrase simple et la phrase complexe

Ce que je sais déjà

Monsieur Lepic envoie une lettre à Poil de Carotte.

Mon cher Poil de Carotte,

Ta lettre de ce matin m'étonne fort. Je la relis vainement. Ce n'est pas ton style ordinaire et tu y parles de choses bizarres qui ne me semblent ni de ta compétence ni de la mienne.

Jules Renard, *Poil de Carotte*, 1902.

a. Combien de phrases ne comportent qu'un seul verbe conjugué ?
❏ 1   ❏ 2   ❏ 3

b. Combien de verbes conjugués contient la dernière phrase ?
❏ 1   ❏ 2   ❏ 3

Je retiens

Une **proposition** est un groupe de mots organisé autour d'un verbe conjugué.
Dans une phrase, il y a autant de propositions qu'il y a de verbes conjugués.

■ Phrase simple ou complexe ?   ▶ Exercices 1, 2

- **Une phrase simple** ne comporte qu'**un verbe conjugué** donc qu'une seule proposition.
  Ex. : *J'ai bien reçu ta lettre.*

- Une **phrase complexe** comporte plusieurs verbes conjugués donc plusieurs propositions.
  Ex. : *J'ai reçu la lettre* que tu m'avais promise.
         proposition 1   proposition 2

■ Comment les propositions sont-elles reliées dans la phrase complexe ?

Dans une phrase complexe, les propositions peuvent être :   ▶ Exercices 1, 3, 4

– **indépendantes**, quand elles ne dépendent d'aucune autre proposition et aucune autre proposition ne dépend d'elles ;

– **subordonnées** quand elles dépendent d'une proposition **principale**.

Propositions indépendantes ▶ Exercice 3	Juxtaposées	Séparées par un signe de ponctuation.
	Coordonnées	Reliées par une conjonction de coordination ou un adverbe de liaison (*cependant, ensuite…*)
Propositions subordonnées	Relative	Introduite par un **pronom relatif** (*qui, que, dont…*).
	Conjonctive	Introduite par une **conjonction de subordination** (*que* et ses composés, *si, comme…*).
▶ Exercices 4, 5	Interrogative indirecte	Introduite par un **mot interrogatif**.

Je m'exerce

1 a. Souligne les verbes conjugués dans le texte suivant.

Il est des manières et de la façon de vivre, comme des modes : les Français changent de mœurs selon l'âge de leur roi.

Montesquieu, *Lettres persanes*, Lettre 99, 1721.

b. Combien y a-t-il de propositions ? Quel signe de ponctuation les relie ?

....

Grammaire

2 **a. Souligne les verbes conjugués de cet extrait.**

Qui pourrait le croire ? Les architectes ont été souvent obligés de hausser, de baisser et d'élargir leurs portes, selon que les parures des femmes exigeaient d'eux ce changement ; et les règles de leur art ont été asservies à ces caprices.

Ibid.

b. Combien de phrases simples comporte ce texte ?

....

c. Combien de propositions contient la phrase complexe de ce texte ?

....
....

3 **Lis l'extrait suivant.**

Rica à Rhédi, à Venise

Je trouve les caprices de la mode, chez les Français, étonnants. Ils ont oublié comment ils étaient habillés cet été ; ils ignorent encore plus comment ils le seront cet hiver : mais surtout, on ne saurait croire combien il en coûte à un mari, pour mettre sa femme à la mode.

Ibid.

a. La phrase soulignée est : ❏ simple   ❏ complexe.
Justifie ta réponse.

....
....

b. Le signe de ponctuation encadré indique que les propositions sont : ❏ coordonnées ❏ juxtaposées

c. Relève dans le texte une conjonction de coordination entre deux propositions.

....

4 **Relie les propositions subordonnées soulignées à leur nature.**

1. Elle pense que tu ne reviendras pas. •   • proposition subordonnée relative
2. Les fleurs que j'ai reçues me viennent de mon fiancé. •
3. Les vacanciers demandent si la visite a lieu. •   • proposition subordonnée conjonctive
4. Comme tu le constates, rien n'est prêt. •
5. Je regrette que tu ne puisses pas te joindre à nous. • • subordonnée interrogative indirecte
6. L'acteur dont on parle beaucoup joue ce soir
   une nouvelle pièce.   •

5 *Écriture*

Sur une feuille, écris au moins cinq phrases complexes commençant par : « Je suis heureux(se) ».
Tu utiliseras des conjonctions de subordination variées.

11. Les propositions subordonnées conjonctives

Je découvre

Tu juges bien qu'une ville bâtie en l'air, qui a six ou sept maisons les unes sur les autres, est extrêmement peuplée.

Montesquieu, *Lettres persanes*, lettre 24, 1721.

Quel verbe précède le mot souligné ?

....

Je retiens

■ Comment reconnaitre une proposition subordonnée conjonctive ?

- Une proposition subordonnée conjonctive dépend d'un verbe de **pensée**, de **parole**, de **volonté** ou de **sentiment**, présent dans la proposition principale.
  Ex. : *Tu juges que cette ville est très peuplée.*
  Prop. principale   Prop. sub. conjonctive
  ▶ Exercices 1, 2

- Introduite par la conjonction de subordination **que**, la proposition subordonnée conjonctive a le plus souvent la fonction de COD dans la phrase. On peut le vérifier en remplaçant la proposition par un GN.
  Ex. : *J'attends que tu reviennes / J'attends ton retour.*
              COD   COD
  ▶ Exercices 3, 4

■ La conjonctive et la relative : ne pas confondre   ▶ Exercices 5, 6

Pour ne pas confondre ces deux propositions subordonnées, il ne faut pas oublier que :
– la proposition **subordonnée conjonctive** complète un verbe dont elle est le COD ;
  Ex. : *Je pense que cette ville est une véritable fourmilière.*
– la proposition **subordonnée relative** complète un antécédent (pronom, nom ou GN).
  Ex. : *Cette ville que l'on compare à une fourmilière est vraiment fantastique.*

Louis de Lespinasse, *Vie maritime sur les quais du port à blé à Paris en 1782*, dessin (détail), musée Carnavalet, Paris.

Je m'exerce

1 a. Dans la phrase suivante, souligne la proposition subordonnée conjonctive.

Je crois que cette ville me réserve d'autres surprises.

b. Quel est le verbe de la proposition principale ?
❑ crois   ❑ réserve

2 Complète les phrases suivantes avec une proposition subordonnée conjonctive.

1. Je pense ....
2. Tout le monde sait ....
3. Tu attends ....
4. On devine ....
5. Nous savons ....

Grammaire

3 **Transforme les GN soulignés en propositions subordonnées conjonctives.**

1. Je souhaite ta venue à mon anniversaire. ....
2. Nous comprenons votre déception. ....
3. Elle refuse mon aide. ....
4. Je comprends ton bonheur. ....

4 **Lis le texte suivant.**

[…] et quoique j'aie très bonne opinion de moi, je ne me serais jamais imaginé que je dusse troubler **le repos** d'une grande ville où je n'étais point connu.

Montesquieu, *Lettres persanes*, lettre 30, 1721.

a. **De quel verbe dépend la proposition subordonnée conjonctive ?**
❑ Aie ❑ serais imaginé ❑ dusse troubler

b. **Par quelle conjonction de subordination est-elle introduite ?**

....

5 a. **Dans le texte suivant, souligne la proposition subordonnée conjonctive.**

Je souriais quelquefois d'entendre des gens qui n'étaient presque jamais sortis de leur chambre, qui **disaient** entre eux : Il faut avouer qu'il a l'air bien persan.

Ibid.

b. **Quelle est la nature des deux autres propositions subordonnées ? Justifie ta réponse.**

....
....

6 a. **Dans le texte suivant, souligne les propositions introduites par « que ».**

Mme de Sévigné a appris que sa fille adorée a échappé de justesse à une noyade.

[…] je crois du moins que vous avez rendu grâce à Dieu de vous avoir sauvée. Pour moi, je suis **persuadée** que les messes que j'ai fait dire tous les jours pour vous ont fait ce miracle.

Mme de Sévigné, Lettre à Mme de Grignan du 4 mars 1671.

b. **Classe-les dans le tableau suivant.**

Proposition subordonnée relative	Proposition subordonnée conjonctive

7 *Écriture*

Complète ce texte avec des propositions subordonnées conjonctives.

Je sais .... Cependant, je ne crois pas ....
.... Tu me dis .... Il faut avouer ....

8 *Écriture*

Tu arrives dans une ville que tu ne connais pas et tu fais des découvertes surprenantes. Raconte-les dans une courte lettre à un ami. Tu emploieras les verbes suivants : penser – croire – deviner – juger – s'étonner.

12 Les propositions circonstancielles de temps

Je découvre

Lorsque je me réveillai, je constatai avec étonnement qu'il faisait encore nuit. Après avoir vérifié l'heure sur mon réveille-matin, je pris la décision de me rendormir.

La proposition en gras apporte des informations sur :
❑ le temps   ❑ le lieu

Je retiens

■ Comment reconnaitre une circonstancielle de temps ? ▶ Exercice 2

- C'est une **proposition** : elle contient donc au moins un **verbe** et son sujet. Sa fonction est complément circonstanciel de temps. Elle permet de situer dans le temps l'action de la proposition principale.
  Ex. : <u>Quand je me réveillai le lendemain matin</u>, mes amis étaient déjà arrivés.

- La proposition subordonnée peut être **conjonctive** ou **participiale**.
  Ex. : *Mes amis sonnant à la porte, je me dépêchai de leur ouvrir.*

- On peut la **déplacer**, la **supprimer** ou la **remplacer** par d'autres CC :
– un adverbe. Ex. : *Autrefois…*
– un gérondif. Ex. : *En me réveillant, …*
– un GN. Ex. : *Le matin où elle arriva, …*
– un groupe prépositionnel avec infinitif. Ex. : *Après être sorti de mon lit, …*

Proposition subordonnée circonstancielle de temps	conjonctive	Introduite par une **conjonction de subordination**	Ex. : *quand, lorsque, comme, dès…*
	participiale	Composée d'un verbe au **participe** avec son **sujet**	Ex. : *L'heure vérifiée, …*

■ Avant, pendant, après ? ▶ Exercices 3, 4

L'action évoquée dans la proposition subordonnée peut se dérouler **avant**, **pendant** ou **après** l'action de la proposition principale. Pour le savoir, il faut faire attention aux temps utilisés (voir leçon 21), ainsi qu'au sens de la conjonction.

- **Simultanéité (pendant)** : *pendant que, tandis que, comme, tant que, aussi longtemps que…*

- **Succession (avant ou après)** : *après que, dès que, aussitôt que, depuis que, avant que, jusqu'à ce que, en attendant que…*
  Ex. : *Après que j'avais pris mon petit-déjeuner, je me lavais.*

Je m'exerce

 Lis l'extrait suivant.

Quand je me réveillai le lendemain matin, je me rendis compte qu'il faisait déjà jour.

Souligne la proposition subordonnée circonstancielle de temps. Qu'exprime-t-elle ?

....

Grammaire

2. Complète les phrases suivantes avec une proposition subordonnée circonstancielle de temps.

1. Dès que ...., tout le monde est heureux.
2. Pendant que ...., les enfants partiront en vacances.
3. Je ne serai pas tranquille tant que ....
4. Les pompiers interviennent jusqu'à ce que ....

3. Lis le texte suivant.

Le narrateur reçoit un veston qu'il a commandé.

<u>Quand</u> on me le livra, je l'essayai, pour quelques secondes, devant mon miroir. C'était un chef-d'œuvre. Mais je ne sais pas trop pourquoi […] je n'avais aucune envie de le porter. Et des semaines passèrent avant que je me décide.

Dino Buzzati, « Le Veston ensorcelé », *Le K*, traduit de l'italien par Jacqueline Remillet, © Robert Laffont, 1966.

a. Par quels mots peux-tu remplacer le mot souligné ?

....

b. Relève :

– la proposition circonstancielle de temps placée en début de phrase.

....

– la proposition circonstancielle de temps placée en fin de phrase.

....

c. Laquelle exprime une succession d'évènements ?

....

4. a. Dans le texte suivant, souligne la proposition subordonnée circonstancielle de temps.

Ce jour-là, je m'en souviendrai toujours. C'était un mardi d'avril et il pleuvait. Quand j'eus passé mon complet – pantalon, gilet et veston – je constatai avec plaisir qu'il ne me tiraillait pas et ne me gênait pas aux entournures comme le font toujours les vêtements neufs.

Ibid.

b. Réécris la proposition subordonnée circonstancielle de temps en la remplaçant par :

– un gérondif : ....
– un groupe infinitif prépositionnel : ....

5. *Réécriture*

Ajoute à ce texte des propositions subordonnées circonstancielles de temps.

...., je sortis habillé de ce somptueux costume neuf.
...., je sentis le froissement d'un billet de banque.

6. *Écriture*

Un matin, en te réveillant, tu constates que quelque chose a changé dans ta chambre. Raconte cet évènement en décrivant chaque étape (avant – pendant – après).

13 — Les propositions circonstancielles de cause et de conséquence

> **Je comprends les mots de la grammaire**
> L'étymologie latine du mot « conséquence » est *consequens* qui signifie « suivre ». La conséquence est ce qui fait suite à une cause.

Je découvre

Le père Goriot est un de ces gens-là. La comtesse l'exploite **parce qu'il est discret** ; et voilà le beau monde !

Honoré de Balzac, *Le Père Goriot*, 1835.

La proposition en gras est déplaçable en début de phrase :
❏ vrai ❏ faux

Je retiens

■ Comment distinguer la cause et la conséquence ? ▶ Exercice 1

- La cause et la conséquence sont des **rapports logiques** qui unissent des faits.
- **La cause** est la **raison** qui a provoqué un fait, qui en est à l'**origine**.
- **La conséquence** est **le résultat de cette cause**.
  Ex. : *La comtesse l'apprécie parce qu'il sait garder un secret.*
          conséquence   cause

■ Les propositions circonstancielles de cause ▶ Exercices 2, 3, 4, 8

Elles sont introduites par les conjonctions de subordination *comme, puisque, parce que, étant donné que, sous prétexte que, d'autant plus que*. Elles sont suivies de l'**indicatif**.
Ex. : *Madame de Sévigné est **d'autant plus** fatiguée [qu'elle a fait un long voyage].*

■ Les propositions circonstancielles de conséquence ▶ Exercices 5, 6

- Elles sont introduites par *si bien que, de (telle) sorte que, au point que*. Elles sont toujours situées après la proposition principale qui donne la cause.
  Elles sont le plus souvent à l'indicatif.
- La conséquence peut être annoncée dans la principale par un adverbe marquant l'intensité : *tellement…, si…, tant…* ▶ Exercice 6
  Ex. : *Elle est si fatiguée [qu'elle ne poursuit pas sa lettre].*

Je m'exerce

1 a. **Souligne la proposition subordonnée circonstancielle dans la phrase suivante.**

Vous êtes de mauvaise humeur, parce que vous n'avez peut-être pas réussi auprès de la belle comtesse de Restaud.

Ibid.

b. **Elle indique :** ❏ la cause ❏ la conséquence

2 a. **Dans les phrases suivantes, souligne les propositions subordonnées circonstancielles de cause.**

b. **Encadre les conjonctions de subordination.**

1. Je n'aime pas son attitude parce qu'elle est irrespectueuse.
2. Comme j'ai connu la pauvreté, je veux en protéger mon enfant.
3. Puisque ma mère le veut bien, je partirai faire mes études à Paris.
4. Je ne t'écrirai pas cette semaine, non pas que je ne le veuille pas, mais parce que je serai trop occupée.
5. Tu réussiras ton examen puisque tu as eu de bonnes notes toute l'année.

Grammaire

3 **a. Dans la phrase suivante, souligne la proposition circonstancielle de cause.**

Je tremble parce que je suis mère ; mais chacun de tes pas sera tendrement accompagné de nos vœux et de nos bénédictions. Sois prudent, cher enfant.

Ibid.

b. Parmi les propositions subordonnées circonstancielles suivantes, une seule ne peut pas convenir. Laquelle ? Barre-la.

Je tremble …
- parce que je m'inquiète pour toi
- puisque tu es parti
- parce que je me fais du souci
- de sorte que tu es parti
- car je suis ta mère
- d'autant plus que je suis ta mère

4 **Complète les phrases suivantes avec des propositions subordonnées circonstancielles de cause.**

1. Je répondrai à sa lettre ……………………………………………………
2. ……………………………………………………, je ne peux pas envoyer ma lettre.
3. Je ne l'ai pas fait plus tôt ……………………………………………………
4. Je suis d'autant plus déçue ……………………………………………………

5 **a. Dans le texte suivant, souligne une proposition subordonnée circonstancielle de conséquence.**

« Oh ! oui, réussis, mon Eugène, tu m'as fait connaître une douleur trop vive pour que je puisse la supporter une seconde fois. J'ai su ce que c'était d'être pauvre, en désirant la fortune **pour la donner à mon enfant**. Allons, adieu. Ne nous laisse pas sans nouvelles, et prends ici le baiser que ta mère t'envoie. »

Ibid.

b. Transforme la proposition subordonnée en gras en une proposition subordonnée circonstancielle de conséquence.

……

Quelles modifications as-tu faites ?

……

6 **Lis l'extrait suivant.**

De moment en moment, il lui semblait que ce singulier personnage pénétrait ses passions et lisait dans son cœur, tandis que chez lui tout était si bien clos qu'il semblait avoir la profondeur immobile d'un sphinx qui sait, voit tout, et ne dit rien.

Ibid.

a. Recopie la proposition subordonnée circonstancielle de conséquence.

……

b. Par quel adverbe est-elle annoncée dans la proposition principale ?

……

7 Dans chacune des phrases suivantes, souligne la proposition subordonnée. Précise en fin de ligne si elle exprime la cause ou la conséquence.

1. Je vous remercie de vos nouvelles de Languedoc puisqu'en quatre lignes vous m'avez instruite de tout. ....

2. Il est arrivé si bien que tout à coup elle n'avait plus de fièvre ! ....

3. Elle a tant de choses à raconter qu'elle ne sait par où commencer. ....

8 Lis l'extrait suivant.

Madame de Sévigné écrit à sa fille, Mme de Grignan.

J'ai le cœur et l'imagination tout remplis de vous, je n'y puis penser sans pleurer, et j'y pense toujours : **de sorte que l'état où je suis n'est pas une chose soutenable** ; comme il est extrême, j'espère qu'il ne durera pas dans cette violence. Je vous cherche toujours, et je trouve que tout me manque, parce que vous me manquez.

Madame de Sévigné, *Lettres*, 1673.

Gerard Ter Borch, *Femme lisant une lettre*, 1662, huile sur toile, coll. Wallace.

a. La proposition en gras exprime :
❏ la cause   ❏ la conséquence

b. Quelle est la cause du chagrin de Mme de Sévigné ?
....

c. Relève une proposition subordonnée circonstancielle de cause pour justifier ta réponse.
....

9 a. Dans chacune des phrases suivantes, souligne la proposition qui contient la cause.

b. Transforme-la ensuite pour obtenir une subordonnée circonstancielle de cause.

1. Il y eut hier trois ans que j'eus une des plus sensibles douleurs de ma vie : vous partîtes pour la Provence […].
....

2. Je n'ai point reçu de vos lettres aujourd'hui, je ne sais s'il m'en viendra ; je ne le crois pas, il est trop tard […].
....

Ibid.

10 a. Complète cet extrait en utilisant des conjonctions de subordination choisies dans la leçon.

Le jardin de Mme de la Fayette est la plus jolie chose du monde .... tout est fleuri, tout est parfumé .... nous y passons bien des soirées .... la pauvre femme n'ose pas aller en carrosse.

D'après **Madame de Sévigné**, *Lettres*, 1673.

b. Voici le texte de Madame de Sévigné ; compare-le avec le tien.

Le jardin de Mme de la Fayette est la plus jolie chose du monde : tout est fleuri, tout est parfumé ; nous y passons bien des soirées, car la pauvre femme n'ose pas aller en carrosse.

Madame de Sévigné, *Lettres*, 1673.

Lequel préfères-tu ? Pourquoi ?
....

Grammaire

11. a. À partir des deux phrases simples, forme une phrase complexe contenant une proposition subordonnée circonstancielle de cause.

b. Puis forme une phrase complexe contenant une proposition subordonnée circonstancielle de conséquence.

1. Ils sont en avance. Ils peuvent s'arrêter un peu.

....

....

2. On ne lui fait plus confiance. Il ment souvent.

....

3. Elle est fatiguée. Elle est rentrée très tard.

....

....

12. a. Dans chaque phrase, souligne la proposition qui contient la cause.

b. Transforme-la pour obtenir une subordonnée circonstancielle de cause.

1. Ce jardin est magnifique : des fleurs multicolores et odorantes en colorent toutes les allées.

....

2. Le jardinier n'arrosera pas ce soir car il a plu toute la journée.

....

3. Je pense que tu vas réussir ton contrôle : tu as bien révisé.

....

4. Le cours de natation a été annulé : la piscine est en travaux.

....

13.

Lis le texte suivant. Sur une feuille, imagine la suite de la lettre.
Tu préciseras son destinataire.

> Il se tourna vers la cheminée, y aperçut la petite boîte carrée, l'ouvrit, et trouva dedans un papier qui couvrait une montre de Bréguet. Sur ce papier étaient écrits ces mots : « Je veux que vous pensiez à moi à toute heure, *parce que...*
>
> DELPHINE »

Honoré de Balzac, *Le Père Goriot*, 1835.

14. *Écriture*

Sur une feuille, imagine le bilan d'un conseil de classe où les délégués exposeraient les causes et les conséquences des résultats des élèves.

14 — Les propositions circonstancielles de but et de comparaison

Je découvre

[…] **Je chante ici** pour que tu chantes pour que tu danses
<u>pour que tu joues avec l'amour</u>
Pour que tes mains fleurissent comme des roses […]

Guillaume Apollinaire, LII, « Pétales de pivoine »,
Poèmes à Lou, 1915 © Éditions Gallimard.

a. La proposition en gras est :
❏ une principale   ❏ une subordonnée

b. À quelle question répond la proposition soulignée ?
❏ comment ?   ❏ quand ?   ❏ pour quoi ?

Je retiens

■ Les subordonnées circonstancielles de but

▶ Exercices 2, 5, 7

- Elles répondent à la question *pour quoi ?* (ou *dans quel but ?*)
  Ex. : *Pour quoi* le poète chante-t-il ? *Dans quel but ? Que veut-il obtenir ?*

- Elles sont introduites par les conjonctions de subordination : *pour que, afin que, dans l'espoir que…* suivies du **subjonctif**.
  Ex. : *Je chante [pour que ton sommeil soit doux].*

- *De peur que* et *de crainte que* introduisent un but négatif (ce qu'on veut éviter).
  Ex. : *Pour que ton sommeil soit doux* = *de peur que ton sommeil ne soit pas doux*.

■ Les subordonnées circonstancielles de comparaison

- Elles sont introduites le plus souvent par *comme*. Elles peuvent être elliptiques (le verbe n'y est pas toujours exprimé).
  Ex. : *Tes yeux brillent [comme des étoiles (brillent)].*

▶ Exercices 3, 5

- La proposition principale contient le **comparé**, la proposition subordonnée contient le **comparant**.
  Ex. : <u>Tes jambes fleurissent</u> [*comme des lys fleurissent*]
       Comparé   Comparant

▶ Exercices 4, 6, 8

Je m'exerce

1 a. Complète les phrases suivantes avec le mot qui convient : *comme – pour que*
   1. Je t'écris ce poème .... tu sois émue.
   2. Je t'écris ce poème .... un poète à sa muse.
   b. Souligne la proposition subordonnée.

2 Ajoute à ces propositions principales une proposition subordonnée circonstancielle de but.
   1. Parlez plus fort ....
   2. Une fête sera organisée ....
   3. La nuit, sa mère laisse une veilleuse allumée ....

3 Lis l'extrait du poème suivant.

   […] Elle s'engloutit dans mon ombre
   Comme une pierre dans le ciel. […]

   Paul Éluard, « Mourir de ne pas mourir », *Capitale de la douleur*, 1926 © Éditions Gallimard.

   La proposition en gras exprime :   ❏ une comparaison   ❏ un but

Grammaire

4 Lis cet extrait de poème.

> Tes chers sanglots retentiront
>
> Comme un tambour qui bat la charge !

Charles Baudelaire, « L'Héautontimorouménos », *Les Fleurs du Mal*, 1857.

a. Repère la proposition subordonnée de comparaison.

....

b. Identifie ensuite le comparé et le comparant.

....

....

5 À l'aide de flèches, indique si les propositions soulignées expriment le but ou la comparaison.

1. Tu pleures <u>comme une madeleine</u>. •
2. Le bébé pleure <u>pour que l'on s'occupe de lui</u>. • • Le but
3. Elle se dépêche <u>de peur que le train ne parte</u>. •
4. Cette représentation est un succès <u>comme la précédente</u>. • • La comparaison
5. L'arbitre siffle <u>afin que les joueurs commencent le match</u>. •

6 Lis l'extrait de poème suivant.

> [...] comme la source emplit la fontaine
>
> Ton amour m'emplit de nouveau
>
> De tendre amour d'ardeur et de force infinie

Guillaume Apollinaire, XLVI, « Rêverie, III », *Poèmes à Lou*, 1915 © Éditions Gallimard.

a. Souligne la proposition subordonnée circonstancielle de comparaison.

b. Complète le tableau.

Comparés	Comparants
....	....
....	....

7 *Écriture*

À la manière de Guillaume Apollinaire, écris, sur une feuille, un poème en utilisant des propositions subordonnées circonstancielles de but. Tu pourras commencer par :

« **Je voudrais être…** »

> Je voudrais être beau pour que tu m'aimes [...]

Guillaume Apollinaire, XLI, « Scène nocturne du 22 avril 1915 », *Poèmes à Lou*, 1915 © Éditions Gallimard.

8 *Réécriture*

Réécris ces phrases en modifiant l'élément comparant.

1. Il veillait sur elle comme une mère sur son enfant.

....

2. L'homme se débattait ainsi qu'un gladiateur face à un lion.

....

15 Les reprises nominales et pronominales

Ce que je sais déjà

Mais où allait cette jeune fille, seule, à cet âge où l'appui d'un père ou d'une mère, la protection d'un frère, sont pour ainsi dire obligés ? Venait-elle donc, après un trajet déjà long, des provinces de la Russie occidentale ?

Jules Verne, *Michel Strogoff*, 1876.

Quel GN remplace le pronom « elle » ?
❏ cette jeune fille
❏ la protection d'un frère
❏ la Russie occidentale

Je retiens

Pour éviter les répétitions de nom ou de GN dans un récit, on utilise des reprises.

■ La reprise pronominale   ▶ Exercices 2, 3

- Les éléments de reprise les plus courants sont les **pronoms personnels** : « *il(s)* » et « *elle(s)* ».
  Ex. : *La jeune fille était seule mais elle ne semblait pas inquiète.*

- On peut aussi utiliser les **pronoms démonstratifs** (*celui-ci, celle-ci, ceux-là, ce dernier*) ou les **adjectifs numéraux** accompagnés de *en*.
  Ex. : *Entra une jeune fille ; celle-ci portait un petit chapeau élégant.*

■ La reprise nominale   ▶ Exercices 1, 4, 5

Elle permet de reprendre un nom ou un GN par un autre GN. La reprise nominale permet d'éviter les répétitions tout en apportant des informations supplémentaires.
Ex. : *la jeune fille – la belle voyageuse solitaire –
la demoiselle du premier compartiment.*

Je m'exerce

1. Lis l'extrait suivant.

> Elle s'appelait Mme Henri d'Hubières.
>
> Un matin, en arrivant, son mari descendit avec elle ; et [...] elle pénétra dans la demeure des paysans. Ils [...] se redressèrent tout surpris, donnèrent des chaises et attendirent. Alors la jeune femme, d'une voix entrecoupée, tremblante, commença :
>
> – Mes braves gens, je viens vous trouver parce que je voudrais bien… je voudrais bien emmener avec moi votre… votre petit garçon…
>
> Les campagnards, stupéfaits et sans idée, ne répondirent pas.

Guy de Maupassant, « Aux Champs », *Contes de la Bécasse*, 1883.

a. Relève une reprise nominale pour :

Mme Henri d'Hubières : ....

Les paysans : ....

b. Justifie l'emploi du pronom entouré.

....
....

Grammaire

2 **Lis l'extrait suivant.**

Les deux chaumières étaient côte à côte […]. Les deux paysans besognaient dur sur la terre inféconde pour élever tous leurs petits. Chaque ménage en avait quatre. Devant les deux portes voisines, toute la marmaille grouillait du matin au soir. Les deux aînés avaient six ans et les deux cadets quinze mois environ ; les mariages, et, ensuite, les naissances s'étaient produites à peu près simultanément dans l'une et l'autre maison. […] La première des deux demeures, en venant de la station d'eaux de Rolleport, était occupée par les Tuvache, qui avaient trois filles et un garçon ; l'autre masure abritait les Vallin, qui avaient une fille et trois garçons.

Ibid.

a. Souligne dans le texte toutes les reprises nominales mises pour « chaumières ».

b. Quelles autres reprises nominales aurait-on pu utiliser pour « chaumières » ?

....

3 **Lis l'extrait suivant.**

À sept heures, le matin, puis à midi, puis à six heures, le soir, les ménagères réunissaient leurs mioches pour donner la pâtée, comme des gardeurs d'oies assemblent leurs bêtes. Les enfants étaient assis, par rang d'âge, devant la table en bois, vernie par cinquante ans d'usage. […] On posait devant eux l'assiette creuse pleine de pain molli dans l'eau où avaient cuit les pommes de terre, un demi-chou et trois oignons […].

Ibid.

a. Quels GN reprend le pronom « eux » ? ....

b. Relis le texte de l'exercice 2. Quels GN annonçaient les GN que tu as relevés en a. ?

....

4 **Complète les phrases suivantes avec la reprise pronominale qui convient.**

1. Mon frère est parti prendre son avion mais .... a oublié son passeport.
2. Les élèves étaient heureux de la visite de cet écrivain alors .... ont décidé de lui écrire.
3. Tu voulais trois baguettes de pain mais à la boulangerie il n'.......... restait qu'une.
4. Les abeilles sont en voie de disparition car .... subissent les conséquences de la pollution atmosphérique.
5. Les enfants que tu vois sont .... qui partiront en classe de neige.

5 **Lis l'extrait suivant.**

Michel Strogoff ne put s'empêcher de considérer attentivement sa nouvelle voisine. Comme elle se trouvait placée de manière à aller en arrière, il lui offrit même sa place, qu'elle pouvait préférer, mais elle le remercia en s'inclinant légèrement.

Jules Verne, *Michel Strogoff*, 1876.

a. Combien de reprises pronominales contient cet extrait ? ☐ 5 ☐ 6 ☐ 7

b. Classe, dans le tableau suivant, les reprises en fonction du personnage auquel elles renvoient.

Michel Strogoff	Sa nouvelle voisine
....	....

5 *Écriture*

Sur une feuille, écris une suite au texte précédent : Michel Strogoff imagine les différentes raisons pour lesquelles la jeune fille voyage. Utilise des reprises nominales et pronominales pour éviter les répétitions dans ton texte.

16 Les connecteurs spatiaux et temporels

« J'ai des problèmes de connexion à l'Internet. » La connexion est la mise en relation d'un appareil à un réseau. Un connecteur relie une phrase à l'ensemble du texte.

Je découvre

1. Il pose ses notes sur le bureau, puis à neuf heures précises, il commence son cours.

2. Il sentit une présence derrière lui, tourna la tête et vit l'intrus dans le miroir.

Observe les phrases ci-contre. Souligne d'un trait les mots qui permettent de se repérer dans le temps et de deux traits ceux qui permettent de se repérer dans l'espace.

Je retiens

■ Emploi des connecteurs spatio-temporels

▶ Exercices 1, 2, 4

Les **connecteurs spatio-temporels** permettent de **repérer** dans **l'espace** et dans le **temps** les éléments dont on parle : les objets, les lieux, les actions, les gens.

	permettent de repérer les éléments dont on parle :	On peut les situer sur…	Exemples
Les connecteurs temporels ▶ Exercices 8, 9, 10, 11	dans le **temps**, notamment dans le récit.	… **un axe chronologique** : – par rapport **à des points de repère fixes**. – par rapport **au moment où l'on parle**. – **en les plaçant les uns par rapport aux autres**.	Ex. : *à neuf heures précises* Ex. : *hier, demain* Ex. : *d'abord, puis*
Les connecteurs spatiaux ▶ Exercice 6	dans **l'espace**, notamment dans la description.	… **un plan** : – par rapport **à des points de repère fixes**. – par rapport **à l'endroit d'où l'on parle**. – **en les plaçant les uns par rapport aux autres**.	Ex. : *dans le miroir* Ex. : *ici, vers la gauche* Ex. : *sur le bureau*

■ Nature des connecteurs

▶ Exercice 3

Ils peuvent être :
– des groupes prépositionnels, Ex. : *pendant la nuit, sur le bureau,*
– des adverbes, Ex. : *d'abord, en bas*
et, pour **les connecteurs temporels** seulement :
– des GN, Ex. : *le soir,*
– la conjonction de coordination *et,*
– des conjonctions de subordination : *tandis que, quand.*

Je m'exerce

1 **Lis le texte suivant.**

La jeune femme se précipita dans sa chambre et relut encore une fois la lettre qu'elle avait reçue la veille. Elle observa la mer par la fenêtre. À l'horizon, elle crut reconnaitre la voilure de la goélette.

a. Les mots soulignés une fois sont des connecteurs : ❏ temporels ❏ spatiaux

b. Les mots soulignés deux fois sont des connecteurs : ❏ temporels ❏ spatiaux

Grammaire

2 **Lis les deux extraits suivants.**

> **En haut**, une demoiselle, habillée de soie, taillait un crayon, **pendant que**, **près d'elle**, deux autres dépliaient des manteaux de velours. […]
>
> **Depuis dix ans**, elle ne connaissait que lui, vivait les journées à son côté, **derrière les mêmes piles de drap**, **au fond des ténèbres de la boutique** ; et, **matin et soir**, tous deux se retrouvaient coude à coude, **dans l'étroite salle à manger**, d'une fraîcheur de puits.
>
> <div align="right">Émile Zola, <i>Au Bonheur des Dames</i>, 1883.</div>

Place les passages en gras dans la colonne qui convient.

connecteurs spatiaux	connecteurs temporels

3 **Précise la nature grammaticale de :**

en haut : .... pendant que : ....

matin et soir : .... dans l'étroite salle à manger : ....

4 **a. Complète ce nouvel extrait avec les connecteurs :** d'abord – dessous – enfin – en haut

> ...., ils furent séduits par un arrangement compliqué : ...., des parapluies, posés obliquement, semblaient mettre un toit de cabane rustique ; ...., des bas de soie, pendus à des tringles, montraient des profils arrondis de mollets, […] ...., sur le drap de l'étagère, des gants étaient jetés symétriquement.
>
> Ibid.

b. Quel connecteur peut être considéré comme un repère de temps et de lieu ? ....

5 **Place ces connecteurs temporels dans le texte :** enfin – et – où – pendant

> .... toute la journée d'automne, journée fuligineuse, sombre et muette, ... les nuages pesaient lourd et bas dans le ciel, j'avais traversé seul et à cheval une étendue de pays singulièrement lugubre ...., comme les ombres du soir approchaient, je me trouvai en vue de la mélancolique Maison Usher.
>
> <div align="right">Edgar Allan Poe, <i>La chute de la maison Usher</i>, trad. Charles Baudelaire, 1839.</div>

6 **a. Lis l'extrait suivant.**

> Denise et ses frères admirent la vitrine du grand magasin.
>
> Une exposition de soies, de satins et de velours, y épanouissait, dans une gamme souple et vibrante, les tons les plus délicats des fleurs : au sommet, les velours, d'un noir profond, d'un blanc de lait caillé […] ; plus bas, les satins, […] ; plus bas encore, les soies, toute l'écharpe de l'arc-en-ciel, des pièces retroussées en coques ; […] et, entre chaque motif, entre chaque phrase colorée de l'étalage, courait un accompagnement discret, un léger cordon bouillonné de foulard crème. C'était là, aux deux bouts, que se trouvaient, en piles colossales, les deux soies dont la maison avait la propriété exclusive.
>
> <div align="right">Émile Zola, <i>Au Bonheur des Dames</i>, 1883.</div>

b. Souligne les connecteurs spatiaux.

c. Les éléments sont situés : ❏ **les uns par rapport aux autres**

❏ **par rapport à des éléments fixes**   ❏ **par rapport à l'endroit où le narrateur parle**

7 **Propose pour chacun des connecteurs de l'exercice 6 son contraire.**

....

....

8 **Lis l'extrait suivant.**

> À madame de Grignan
>
> À Paris, lundi 5 février 1674.
>
> Il y eut **trois ans hier** que j'eus une des plus sensibles douleurs de ma vie : vous partîtes pour la Provence, et vous y êtes encore. Ma lettre serait longue, si je voulais vous expliquer toute l'amertume que je sentis, et toutes celles que j'ai senties depuis en conséquence de cette première. Mais revenons : je n'ai point reçu de vos lettres **aujourd'hui**, je ne sais s'il m'en viendra ; je ne le crois pas, il est trop tard […].

Madame de Sévigné, *Lettres*, 1674.

a. Relève les connecteurs temporels. ....

b. Attribue une date aux connecteurs en gras. ....

9 a. Lis l'extrait suivant et souligne les connecteurs temporels.

> *Denise et ses frères sont accueillis dans la petite boutique de leur oncle.*
>
> – Entrez, dirent à leur tour les deux femmes. Vous êtes les bienvenus.
>
> Et elles firent asseoir Denise derrière un comptoir. Aussitôt, Pépé monta sur les genoux de sa sœur, tandis que Jean, adossé contre une boiserie, se tenait près d'elle. Ils se rassuraient, regardaient la boutique, où leurs yeux s'habituaient à l'obscurité. Maintenant, ils la voyaient, avec son plafond bas et enfumé, ses comptoirs de chêne polis par l'usage, ses casiers séculaires aux fortes ferrures.

Émile Zola, *Au Bonheur des Dames*, 1883.

b. Place les actions sur l'axe chronologique : en haut les verbes au passé simple, en bas ceux à l'imparfait.

....

⟶

....

10 a. Lis l'extrait suivant et souligne les connecteurs temporels du texte.

> Un silence embarrassé régna. Puis, [l'oncle de Denise et ses frères] reprit d'un ton bourru :
>
> – Je ne vous[1] mets pas à la porte… Puisque vous êtes entrés maintenant, vous coucherez toujours en haut, ce soir. Nous verrons après.
>
> Alors, Mme Baudu et Geneviève comprirent, sur un regard, qu'elles pouvaient arranger les choses. Tout fut réglé.

1. Il s'agit de Denise et ses frères.

Ibid.

b. Recopie chacun d'eux en indiquant par une flèche comment il situe l'action.

.... •

.... •

.... •   • situe l'action par rapport à d'autres

.... •   • situe l'action par rapport au moment où l'on parle

.... •

Grammaire

11. Lis l'extrait suivant.

Chaque samedi, de quatre à six, Mme Desforges offrait une tasse de thé et des gâteaux aux personnes de son intimité, qui voulaient bien la venir voir. [...]

Justement, ce samedi-là, comme un domestique allait l'introduire dans le grand salon, Mouret aperçut de l'antichambre, par une porte restée ouverte, Mme Desforges qui traversait le petit salon. Elle s'était arrêtée en le voyant, et il entra par là, il la salua d'un air de cérémonie. Puis, quand le domestique eut refermé la porte, il saisit vivement la main de la jeune femme, qu'il baisa avec tendresse.

Ibid.

a. Quelle différence de sens y a-t-il entre les deux connecteurs encadrés ?

....

b. Souligne dans le texte les autres connecteurs temporels.

c. Relève les deux conjonctions de subordination présentes parmi ces connecteurs et propose deux synonymes pour chacune.

....
....

12. *Dictée de mots*

Apprends l'orthographe des connecteurs les plus fréquents puis écris-en dix de mémoire :
auparavant, ensuite, désormais, à côté, d'abord, enfin, de temps en temps, parfois, souvent, à chaque fois, au-dessus de, en dessous, là-bas, tout à coup, soudain.

13. *Réécriture*

Recopie ce passage en ajoutant cinq connecteurs spatiaux et un connecteur temporel.

Vous en êtes à la joie, aux transports, aux ravissements de la princesse et de son bienheureux amant. Ce fut donc lundi que la chose fut déclarée, comme vous avez su. Le mardi se passa à parler, à s'étonner, à complimenter. Le mercredi, Mademoiselle fit une donation à M. de Lauzun, avec dessein de lui donner les titres, les noms et les ornements nécessaires pour être nommés dans le contrat de mariage, qui fut fait le même jour. [...] Le contrat fut fait ensuite, où il prit le nom de Montpensier.

Madame de Sévigné, *Lettres*, 1670.

....
....
....
....
....
....
....

14. *Écriture*

Sur une feuille, décris un tableau qui te plait. Commence chaque phrase par un connecteur spatial différent.

17 Les connecteurs logiques

Je découvre

Jean travaillait bien chez un ébéniste, un réparateur de meubles anciens ; **mais il ne touchait pas un sou.**

Émile Zola, *Au Bonheur des Dames*, 1883.

a. Quel mot relie les deux propositions ? ....

b. Quelle information apporte la proposition en gras ?
....
....

Je retiens

Les **connecteurs logiques** expriment les **liens de sens** qui existent entre les propositions.

■ Les liens logiques
▶ Exercices 2, 3

Liens logiques	Connecteurs
addition	de plus, et, or, d'ailleurs, en outre, non seulement… mais encore
organisation	d'abord, puis, enfin, d'une part, d'autre part, premièrement, deuxièmement…
opposition	mais, cependant, au contraire, pourtant, alors que
cause	car, parce que, puisque, en raison de
conséquence	donc, si bien que, par conséquent
but	pour, afin de, dans le but de, de peur que
illustration	par exemple, en effet, c'est ainsi que
reformulation	c'est-à-dire, en réalité, plus exactement
comparaison	comme, de même que, pareillement

- Certains connecteurs ont **plusieurs sens.**
  Ex. : *d'abord* situe les éléments dans le temps mais aussi organise le discours.
- Les relations logiques ne sont pas toujours exprimées explicitement. C'est le contexte qui permet de comprendre l'enchainement logique.
  Ex. : *Il était gêné, il rit. > Il était tellement gêné qu'il rit.* (cause – conséquence)

■ Place et nature des connecteurs logiques
▶ Exercices 7, 8

- Les connecteurs se placent plutôt **en début de proposition**.
- Ils peuvent être :
  – des **groupes prépositionnels** : *dans un premier temps, d'un côté*,
  – des **adverbes** : *premièrement, au contraire, seulement, d'ailleurs*,
  – des **conjonctions de coordination** : *mais, donc, car*,
  – des **conjonctions de subordination** : *si bien que, puisque*.

Je m'exerce

1 a. Lis le texte suivant et entoure un connecteur logique qui exprime la cause.

Mouret, le patron du grand magasin, rencontre le baron Hartmann.
– Tenez ! monsieur le baron, puisque j'ai l'honneur inespéré de vous rencontrer, il faut que je me confesse… Oh ! je ne vous demande pas vos secrets. Seulement, je vais vous confier les miens. […] D'ailleurs, j'ai besoin de vos conseils.

Émile Zola, *Au Bonheur des Dames*, 1883.

b. **Par quel mot peux-tu remplacer le mot souligné ?**

❏ mais   ❏ cependant   ❏ parce que   ❏ car

Grammaire

2 Complète les phrases suivantes avec le connecteur logique ou temporel qui convient.

1. Jean veut quitter son travail .... il est exploité par son patron. (cause)
2. Tu envoies des lettres de motivation .... trouver un stage. (but)
3. Ce matin le réveil n'a pas sonné .... je suis arrivée en retard. (conséquence)
4. .... tu verses le lait dans un bol .... tu ajoutes le cacao en poudre. (organisation)
5. .... tu n'écoutes pas .... tu t'agites sur ta chaise. (addition)

3 Relie les connecteurs logiques avec le lien qu'ils expriment.

- afin de • • comparaison
- en raison de • • but
- pourtant • • reformulation
- de même que • • cause
- de plus • • opposition
- en réalité • • addition

4 À l'aide des deux phrases simples, forme une phrase complexe en utilisant le connecteur logique qui convient.

1. Je ne viendrai pas à ton anniversaire. Je dois préparer un examen important. (cause)
Je ne viendrai pas à ton anniversaire .... je dois préparer un examen important.

2. Je devine ta déception. Tu ne me feras pas changer d'avis. (opposition)
Je devine ta déception .... tu ne me feras pas changer d'avis.

3. Cet été nous sommes allés à la plage. Nous avons visité deux musées. (addition)
Cet été nous sommes allés à la plage .... nous avons visité deux musées.

4. Elle se rend à la pharmacie de garde. Elle doit acheter des médicaments en urgence. (but)
Elle se rend à la pharmacie de garde .... acheter des médicaments en urgence.

5 Lis le texte suivant.

Mme Marty arrive chez Henriette Desforges.

— Chère madame, dit-elle à Henriette, vous m'excuserez, avec mon sac… Imaginez-vous, en venant vous voir, je suis entrée au Bonheur[1], et comme j'ai encore fait des folies, je n'ai pas voulu laisser ceci en bas, dans mon fiacre, de peur d'être volée.

Mais elle venait d'apercevoir Mouret, elle reprit en riant :

— Ah! monsieur, ce n'était point pour vous faire de la réclame, puisque j'ignorais que vous fussiez là… Vous avez vraiment en ce moment des dentelles extraordinaires.

1. Le grand magasin Au Bonheur des Dames.

Ibid.

a. Souligne les deux raisons pour lesquelles Mme Marty n'a pas laissé son sac dans le fiacre.

b. Reformule-les en employant d'autres connecteurs.

....

....

c. Dans le texte, le mot « mais » exprime une opposition entre :

❏ la peur d'être volée et le fait de voir Mouret,
❏ son envie de continuer à raconter ses folies et le fait d'apercevoir Mouret,
❏ le fait de voir Mouret et le fait de rire.

6. Relis le texte de l'exercice 5 et associe les connecteurs logiques à leurs classes grammaticales.

mais •   • préposition
comme •   • conjonction de coordination
puisque •   • conjonction de subordination

7. Lis le texte suivant.

La Thénardier a envoyé la petite Cosette chercher de l'eau.

Elle fit ainsi une douzaine de pas, mais le seau était plein, il était lourd, elle fut forcée de le reposer à terre.

Victor Hugo, *Les Misérables*, 1862.

a. Entoure le connecteur logique. Indique sa classe grammaticale.

....

b. Quel lien exprime-t-il ? ....

c. Quel connecteur logique peux-tu placer avant la dernière proposition ?
Quel lien exprime-t-il ?

....

8. a. Lis le texte suivant. Souligne les connecteurs logiques ou temporels.

L'homme ne s'était pas enfoncé dans la terre, mais il avait arpenté en hâte dans l'obscurité la grande rue de Chelles ; puis il avait pris à gauche avant d'arriver à l'église le chemin vicinal qui mène à Montfermeil, comme quelqu'un qui eût connu le pays et qui y fût déjà venu.

Ibid.

b. Indique pour chaque connecteur sa classe grammaticale.

....
....
....

9. Lis le texte suivant.

Denise, qui cherche un travail Au Bonheur des Dames, est fascinée par les étalages et rencontre pour la première fois le patron Mouret.

Mouret, **tout en affectant d'écouter Bourdoncle et Robineau**, était flatté au fond du saisissement de cette fille pauvre [...]. .... Denise avait levé les yeux, et elle se troubla davantage, ... elle reconnut le jeune homme qu'elle prenait pour un chef de rayon. Elle s'imagina qu'il la regardait avec sévérité. .... <u>ne sachant plus comment s'éloigner</u>, égarée tout à fait, elle s'adressa une fois encore au premier commis venu, à Favier qui se trouvait près d'elle.

Émile Zola, *Au Bonheur des Dames*, 1883.

a. Complète le texte avec des connecteurs logiques ou temporels.
b. Reformule le passage souligné. Quel lien logique exprime-t-il ?

....

c. Reformule le passage en gras. Quel lien logique ou temporel exprime-t-il ?

....
....

Grammaire

10 **Lis le texte suivant.**

L'oncle Baudu raconte l'histoire du grand magasin.

Le Bonheur des Dames avait été fondé en 1822 par les frères Deleuze. À la mort de l'aîné, sa fille, Caroline, s'était mariée avec le fils d'un fabricant de toile, Charles Hédouin et, plus tard, étant devenue veuve, elle avait épousé ce Mouret. Elle lui apportait donc la moitié du magasin. Trois mois après le mariage, l'oncle Deleuze décédait à son tour sans enfants si bien que, lorsque Caroline avait laissé ses os dans les fondations[1], ce Mouret était resté seul héritier, seul propriétaire du Bonheur. Toutes les chances !

1. Caroline est morte accidentellement pendant les travaux du magasin.

Émile Zola, *Au Bonheur des Dames*, 1883.

a. Souligne les connecteurs temporels.

b. Relève les connecteurs logiques et recopie-les.

....

c. Complète le tableau en relevant les connecteurs de même classe grammaticale.

Connecteur relevé	Classe grammaticale

11 **Trouve l'intrus dans chaque liste et justifie ta réponse.**

1. Donc – pour – si bien que – par conséquent

....
....

2. Comme – en réalité – de même que – pareillement

....

3. Et – en outre – de plus – mais

....

12 *Écriture*

Écris un texte en organisant les faits suivants de manière à leur donner un enchaînement logique. Relie les phrases avec des connecteurs : être fasciné par la vitrine – mettre en valeur les produits – acheter beaucoup – faire du profit – faire de bonnes affaires.

....
....
....
....

13 *Écriture*

Sur une feuille, rédige un court paragraphe dans lequel tu utiliseras deux connecteurs logiques exprimant la cause et un exprimant la conséquence.

18 La situation d'énonciation

Je comprends les mots de la grammaire
« Le juge demanda au témoin de se contenter d'énoncer les faits. » Cette phrase signifie que le juge demande de simplement « dire » ce qui s'est passé.

Je découvre

Mail reçu le 9 septembre : Je retourne à Bastia **demain**. Je suis très contente de t'avoir vue **hier**. J'espère que tu viendras nous rendre visite cet hiver. Ta fille qui t'aime.

a. Combien ce message contient-il de pronoms personnels de 1re et 2e personne ? ❑ 3 ❑ 6 ❑ 7

b. Choisis le mot en gras qui correspond aux dates suivantes :
le 8 septembre : ....
le 10 septembre : ....

Je retiens

■ La situation d'énonciation

- Donner la **situation d'énonciation**, c'est dire « **qui parle à qui** ». On peut ajouter d'autres informations : « quand ? », « où ? », « quoi ? », « pour quoi ? ». ▶ **Exercices 1, 2**
  Ex. : *Une fille écrit à sa mère, le 9 septembre.*

- Les mots *moi, ici, maintenant* ne désignent pas la même personne, le même endroit, le même moment selon la situation d'énonciation.

- On met au **présent d'énonciation** ce qui s'applique au moment où on parle.
  Ex. : *Je suis très contente.* ▶ **Exercice 4**

■ Les mots auxquels il faut être attentif

- Les **marques personnelles** : les pronoms **personnels** et mots **possessifs** de la 1re personne sont utilisés par la personne qui produit l'énoncé ; ceux de la 2e personne renvoient au destinataire de cet énoncé.
  Ex : *Ta fille qui t'aime.* ▶ **Exercice 5**

- Les indicateurs de **lieu** et de **temps** permettent de savoir où et quand on parle : *ici, là, maintenant, hier, demain, samedi, dans quinze jours…*
  Ex. : *Je retourne à Bastia demain.* ▶ **Exercice 3**

■ Quelques situations d'énonciation ▶ **Exercice 6**

- Dans une lettre, c'est l'**expéditeur** qui écrit au **destinataire**.
- Dans un dialogue, les **personnages** échangent des paroles.
- Dans un récit, le **narrateur** est la voix qui raconte l'histoire au **lecteur**.

Je m'exerce

1 Lis les phrases suivantes.

1. – Antoine, éteins cet ordinateur maintenant, le repas est prêt ! – Oui maman…
2. À partir de ce jour, il fut reçu dans les salons les plus en vue.
3. Vos parents rendront ce coupon à votre professeur principal.
4. Ils les avaient croisés la veille.

a. Quelles phrases te permettent de dire qui s'adresse à qui ? ....
b. Dans les autres phrases, que manque-t-il pour comprendre la situation d'énonciation ?
....

Grammaire

2 **Lis l'extrait de lettre suivant.**

> Castel-Novel – Varetz – Corrèze
> 22/08/29
> Chère maman,
> Je suis ici depuis quelques jours.
>
> **Colette**, *Lettres à sa fille*, 1916-1953 © Éditions Gallimard, 2003.

a. Que signifie « ici » dans cette lettre ? ....
b. Quand la fille de Colette a-t-elle pu arriver ? ....

3 **Souligne les verbes qui sont au présent d'énonciation.**

> Je dois te quitter si je ne veux pas que tu me grondes car il est 11 heures moins le quart – du soir.
> Encore avec tous mes vœux, je t'embrasse de tout mon cœur.
>
> *Ibid.*

4 **Lis l'extrait suivant.**

Rodolphe écrit une lettre de rupture à Madame Bovary.

> – Comment vais-**je** signer, maintenant ? se dit-il. Votre tout dévoué ?… Non. Votre ami ?… Oui, c'est cela.
> « Votre ami. »
> Il relut sa lettre. Elle lui parut bonne.
>
> **Gustave Flaubert**, *Madame Bovary*, 1857.

a. Qui est le *je* en gras ? ❏ Rodolphe ❏ Gustave Flaubert ❏ Madame Bovary
b. Quelle personne trouve-t-on dans le récit ? ❏ 1re ❏ 2e ❏ 3e
c. Quelles personnes trouve-t-on dans le discours direct ? ❏ 1re ❏ 2e ❏ 3e

5 a. **Relie chaque passage à la situation d'énonciation qui correspond.**

– Allons, se dit-il, commençons ! • • Le narrateur raconte

Il écrivit : •

« Du courage, Emma ! du courage !
Je ne veux pas faire le malheur de votre existence… » • • Rodolphe parle à Emma.

– Après tout, c'est vrai, pensa Rodolphe ;
j'agis dans son intérêt ; je suis honnête. • • Rodolphe se parle à lui-même.

Rodolphe s'arrêta pour trouver ici quelque bonne excuse. •

Ibid.

b. Comment peut-on différencier ces trois situations d'énonciation ?

....

6 *Réécriture*

Réécris ce passage en changeant de narrateur : c'est Rodolphe qui raconte.

> [Rodolphe] se mit à réfléchir. Emma lui semblait être reculée dans un passé lointain, comme si la résolution qu'il avait prise venait de placer entre eux, tout à coup, un immense intervalle.
>
> *Ibid.*

....
....

7 *Écriture*

Dans un court paragraphe, sur une feuille, imagine une situation d'énonciation qui convienne à cette phrase : « Votre rendez-vous est arrivé ; je l'ai fait patienter là-bas. »

19 Le discours indirect

Je découvre

Il s'aperçut qu'elle était pâle et changée. Il lui demanda **si elle était malade**, d'un ton si rude, qu'elle devient encore plus pâle et répondit qu'elle se portait bien, d'une voix très faible.

George Sand, *François le Champi*, 1848.

a. Observez la phrase en gras. Quelle question a pu poser l'homme ?
....

b. Quelle réponse a-t-il obtenue ?
....

Je retiens

- Dans un récit, le narrateur peut choisir de rapporter les paroles telles qu'elles ont été prononcées : c'est le discours direct ; ou de n'en rapporter que le contenu : c'est le discours indirect.

■ Le discours indirect

▶ Exercice 4

- **Intégré au récit**, le discours indirect en adopte les pronoms personnels et les temps verbaux.
- Selon le type de phrase, le discours indirect peut être :
  – une proposition subordonnée complétive introduite par « que »,
  Ex. : *Il lui dit qu'elle était pâle et qu'elle semblait malade.*
  – une proposition subordonnée interrogative indirecte,
  Ex. : *Il lui demanda si elle était malade.*
  – un infinitif ou un groupe infinitif introduit par « de ».
  Ex. : *Elle lui répondit de ne pas s'inquiéter pour elle.*

■ Les changements : du discours direct au discours indirect

▶ Exercices 2, 3

Pour passer d'un discours à l'autre, il faut opérer de nombreux changements sur plusieurs éléments puisque la situation d'énonciation change.

Discours direct →
- Disparition des deux-points, des tirets et des guillemets
- Transformation éventuelle des 1re et 2e personnes
- Modification éventuelle des adverbes de temps et de lieu
→ **Discours indirect**

Ex. : *L'homme déclara : « Je vais chercher des médicaments. »*
L'homme déclara qu'il allait chercher des médicaments.

■ La concordance des temps

▶ Exercices 4, 5

Pour intégrer des paroles dans un récit au passé, il faut changer le temps des verbes dans la proposition subordonnée. C'est ce qu'on appelle la concordance des temps.
Ex. : *La femme dit à l'homme : « Je vous remercie des soins que vous m'apportez. »*
La femme dit à l'homme qu'elle le remerciait des soins qu'il lui apportait.

Je m'exerce

★ 1 a. Dans l'extrait suivant, souligne les paroles rapportées au discours indirect.

François avait bien dit qu'en s'en allant il lui emmenait son meilleur ami.

George Sand, *François le Champi*, 1848.

b. Qui a prononcé ces paroles ? ❏ le meilleur ami ❏ François ❏ George Sand

Grammaire

2 Classe les verbes introducteurs de parole suivants selon qu'ils permettent d'affirmer quelque chose, de poser une question ou d'y répondre.

Rétorquer – expliquer – questionner – déclarer – réitérer – répliquer – s'exclamer – s'offusquer – interroger – ordonner.

Affirmer quelque chose	Poser une question	Répondre
....	....	....
....	....	....

3 Souligne, dans les phrases suivantes, les propositions subordonnées complétives. Aide-toi des verbes introducteurs de parole.

1. Le médecin dit qu'elle n'avait pas de fièvre.
2. La jeune fille répondit qu'elle était malade d'amour.
3. L'homme lui rétorqua que cette maladie n'existait pas.

4 a. Dans les phrases suivantes, souligne les paroles rapportées indirectement.

1. Le médecin lui enquit de ne pas bouger.
2. L'homme demanda si elle devait rester couchée plusieurs jours.
3. La jeune fille promit de bien respecter la prescription médicale.

b. Indique s'il s'agit d'une proposition interrogative indirecte ou d'un groupe infinitif.

1. ....
2. ....
3. ....

5 Transforme les phrases suivantes au discours indirect. Fais pour cela toutes les modifications nécessaires.

1. Mangez donc mieux que ça, disait-elle à François, vous ne vous nourrissez quasi point.
....

2. François répondit : « Je suis trop content d'être avec vous pour avoir grande envie de boire et manger ».
....
....

D'après **George Sand**, *François le Champi*, 1848.

6 a. Construis trois phrases. Chacune contiendra l'un de ces verbes conjugué au présent : demander – se demander – ignorer – interroger – questionner – ne plus savoir, **ainsi qu'une conjonction** : comment – quand – si.

....
....
....

b. Dans tes phrases, souligne les propositions subordonnées interrogatives indirectes.

7 *Écriture*

Sur une feuille, rédige la déclaration suivante en quelques phrases :

François déclare à la jeune fille que, lui aussi, est malade d'amour pour elle.

Ton texte sera au discours indirect et commencera par ces mots :

« François se tourna vers la jeune fille et lui dit... »

20 Analyser une forme verbale

Je comprends les mots de la grammaire
Lorsqu'on fait des analyses de sang, on examine les différents composants du sang.

Ce que je sais déjà

PERDICAN. – Adieu, Camille, retourne à ton couvent, et lorsqu'on te **fera** de ces récits hideux qui t'ont empoisonnée, **réponds** ce que je **vais** te dire […]

Alfred de Musset, *On ne badine pas avec l'amour*, 1834.

a. Les verbes en gras appartiennent au :
❏ 1er ❏ 2e ❏ 3e groupe ?

b. L'infinitif est : ❏ un mode ❏ un temps ?

Je retiens

- Quand on fait l'analyse complète d'un verbe conjugué, on donne l'infinitif du verbe et son **groupe**, on précise la **personne**, le **temps**, le **mode** et la **voix**.
- Il existe deux voix : active et passive (uniquement pour les verbes transitifs directs).

1er groupe	2e groupe	3e groupe
infinitif en **-er**	infinitif en **–ir** participe présent en **–issant**	les autres + *aller*

3 personnes du singulier	3 personnes du pluriel
1re : je ; 2e : tu ; 3e : il, elle, on	1re : nous ; 2e : vous ; 3e : ils, elles

Modes		Temps simples	Temps composés L'auxiliaire est conjugué au temps simple correspondant
Modes personnels	Indicatif	**Présent** Ex. : *tu cours*	**Passé composé** Ex. : *tu as couru*
		Imparfait Ex. : *tu courais*	**Plus-que-parfait** Ex. : *tu avais couru*
		Passé simple Ex. : *tu courus*	**Passé antérieur** Ex. : *tu eus couru*
		Futur Ex. : *tu courras*	**Futur antérieur** Ex. : *tu auras couru*
		Conditionnel présent Ex. : *tu courrais*	**Conditionnel passé** Ex. : *tu aurais couru*
	Subjonctif	**Présent** Ex. : *que je coure*	**Passé** Ex. : *que tu aies couru*
	Impératif	**Présent** Ex. : *cours*	**Passé** Ex. : *aie couru*
Modes non personnels	Infinitif	**Présent** Ex. : *courir*	**Passé** Ex. : *avoir couru*
	Participe	**Présent** Ex. : *courant*	**Passé** Ex. : *couru*

Je m'exerce

1 Écris ces verbes sur la ligne qui convient : accélérer – aider – aller – bondir – ralentir – secourir

Verbes du 1er groupe : ....

Verbes du 2e groupe : ....

Verbes du 3e groupe : ....

2 Précise à quel mode sont conjuguées les formes verbales homophones soulignées.

1. <u>Crois</u>-moi, il va pleuvoir ! ....

2. Pourquoi n'y <u>crois</u>-tu pas ? ....

3. J'aimerais que tu y <u>croies</u>. ....

Conjugaison

3 Complète le tableau à la première personne du singulier.

	Indicatif			
	Présent	Imparfait	Futur	Conditionnel présent
	J'ai	....	....	....
	Je prends	....	....	....
	Je perds	....	....	....
	J'agis	....	....	....

4 Relie chaque forme active à la forme passive qui lui correspond.

Ils/elles apprécient • • Ils/elles ont été appréciés/ées

Ils/elles ont apprécié • • Ils/elles avaient été appréciés/ées

Ils/elles apprécièrent • • Ils/elles seront appréciés/ées

Ils/elles avaient apprécié • • Ils/elles sont appréciés/ées

Ils/elles apprécieront • • Ils/elles furent appréciés/ées

5 Analyse ces formes verbales en complétant le tableau.

	Infinitif	Groupe	Personne	Mode	Temps	Voix
j'avais rêvé						active
frémissant			X			
attendez					présent	
tu es récompensé	récompenser					
on ira				indicatif		

6 Lis le texte suivant.

LE PAON :

    Toi qui <u>fais</u> ce tapage,

Qu'<u>es</u>-tu ?

LE MOINEAU :

    Je <u>suis</u> gamin ; autrefois j'<u>étais</u> page.

Je m'ébats, cher seigneur. Si je n'<u>étais</u> voyou,

Je <u>voudrais</u> être rose et dire : *I love you*.

    Victor Hugo, *Théâtre en liberté*, « La forêt mouillée », 1869.

Relève les quatre formes différentes du verbe « être » puis précise leur temps et leur mode.

....

7 *Réécriture*

a. Réécris la réponse du moineau (exercice 6) en remplaçant le singulier par le pluriel.

....

....

....

b. Réécris la réplique du moineau au discours indirect, en conservant les mêmes temps verbaux. Commence chaque phrase par :

Le moineau répond qu' ....

....

21 Conjuguer pour se repérer dans le temps

> **Je comprends les mots de la grammaire**
> Le **passé simple** est constitué d'**un** mot, le verbe. Le **passé composé** s'appelle ainsi parce qu'il se compose d'un auxiliaire et du participe passé du verbe.

Ce que je sais déjà

Elle se souvient. On l'a mariée, voici quatre ans, avec un gentilhomme normand. C'était un fort garçon barbu, coloré, large d'épaules, d'esprit court et de joyeuse humeur.

On les accoupla pour des raisons de fortune.

Guy de Maupassant, « Première neige », 1883.

Relie chaque verbe au temps auquel il est conjugué :

- se souvient • • passé simple
- a mariée • • présent
- était • • imparfait
- accoupla • • passé composé

Je retiens

■ Comment se repérer dans le temps ?   ▶ Exercice 1

- **Se repérer dans le temps**, c'est situer des actions les unes par rapport aux autres.
- On distingue les temps du passé pour l'**antériorité**, le présent pour la **simultanéité** et les temps du futur pour la **postériorité** (on dit aussi « **ultériorité** »).
- L'emploi des temps ne se résume pas à la chronologie : pour évoquer un fait passé, on peut utiliser le présent ou même le futur pour le rendre plus vivant.
  Ex : À la fin du XIXe siècle, de nombreux écrivains publient des feuilletons dans les journaux.
  Ex. : À la fin du XIXe siècle, le public découvrira Maupassant dans la presse.

■ L'emploi des temps composés   ▶ Exercices 2 à 5

Quand on conjugue à un **temps composé**, l'action se situe **avant** celle exprimée au **temps simple correspondant**.

Elle se souvient qu'on l'a mariée.
Temps simple, présent   Temps composé, passé composé
étape 1   étape 2

Elle aimait tant la région qu'elle avait quittée !
Temps simple, imparfait   Temps composé, plus-que-parfait
étape 1   étape 2

Elle regretta Paris dès qu'elle l'eut quitté.
Temps simple, passé simple   Temps composé, passé antérieur
étape 1   étape 2

Elle regrettera ce mariage qu'elle aura célébré quelques semaines auparavant.
Temps simple, futur   Temps composé, futur antérieur
étape 1   étape 2

Remarque : Le passé composé remplace le passé simple dans le langage courant. Le plus-que-parfait évoque des faits antérieurs à ceux de l'imparfait ou du passé simple.

Je m'exerce

1 Place les quatre verbes en gras sur l'axe chronologique.

Ann et Driscoll **observaient** (1) un silence parfait. Au cours des semaines qui **s'étaient succédées** (2) depuis que le *Wanderer* **avait quitté** (3) New York, ils **s'étaient** étonnamment **rapprochés** (4).

Delos W. Lovelace, *King Kong*, trad. Robert Latour, ©Albin Michel, coll. J'ai lu, 1976

Conjugaison

2 **Lis le texte suivant.**

Le narrateur sort de la chambre où Alphonse a été découvert mort.

Passant et repassant devant la statue, je m'arrêtai .... un instant pour la considérer ; Cette fois, je l'avouerai, je ne pus .... contempler sans effroi son expression de méchanceté ironique ; et [...] il me sembla .... voir une divinité infernale [...].

Je regagnai .... ma chambre et j'y restai .... jusqu'à midi.

Prosper Mérimée, *La Vénus d'Ille*, 1837.

a. Souligne les verbes conjugués au passé simple.
b. Réécris-les au passé composé.

3 **Complète les phrases en conjuguant les verbes au temps indiqué entre parenthèses.**

1. Quand tu (finir, futur antérieur) ...., tu me (prévenir, futur) ....
2. Lorsqu'ils (comprendre, passé antérieur) ...., ils (se précipiter, passé simple) .... dehors.
3. Il (réussir, plus-que-parfait) .... à s'acheter un nouveau manteau dont il (être, imparfait) .... très fier.

4 **Complète le tableau.**

Temps simple	Temps composé
Je chercherai, verbe conjugué au futur	J'aurai cherché, verbe conjugué au ....
Il ...., verbe conjugué à l'	Il avait acheté, verbe conjugué au plus-que-parfait
Nous découvrons, verbe conjugué au	Nous ...., verbe conjugué au ....
Ils ...., verbe conjugué au passé simple	Ils .... accepté, verbe conjugué au ....

5 *Dictée préparée*

Recopie, dans le tableau, les verbes avec leur sujet.

Depuis mon départ je n'ai point appris que quelque jour nouveau soit venu éclairer cette mystérieuse catastrophe.

M. de Peyrehorade mourut quelques mois après son fils. Par son testament il m'a légué ses manuscrits, que je publierai peut-être un jour. Je n'y ai point trouvé le mémoire relatif aux inscriptions de la Vénus.

P.-S. Mon ami M. de P. vient de m'écrire de Perpignan que la statue n'existe plus. Après la mort de son mari, le premier soin de Mme de Peyrehorade fut de la faire fondre en cloche [...].

Prosper Mérimée, *La Vénus d'Ille*, 1837.

Temps simples	Temps composés
....	....
....	....
....	....

6 *Écriture*

Sur une feuille, rédige un texte narratif commençant par : « Je me souviens. » Il évoquera des souvenirs agréables. Souligne d'un trait les verbes conjugués à un temps simple, de deux traits ceux à un temps composé.

22 Les temps simples de l'indicatif

Ce que je sais déjà

Quand vous <u>serez</u> bien vieille, au soir, à la chandelle,
Assise auprès du feu, dévidant et filant,
<u>Direz</u>, chantant mes vers, en vous émerveillant :
« Ronsard me célébrait du temps que j'étais belle ! » [...]

Ronsard, *Sonnets pour Hélène*, 1578.

a. Les verbes soulignés sont conjugués au :
❏ passé ❏ présent ❏ futur

b. Relève deux verbes qui expriment le passé.
....

Je retiens

Un temps simple est un temps qui ne contient qu'une seule forme verbale (à la voix active).

Ex. : *J'étais belle* (temps simple) / *j'ai été belle* (temps composé)   ▶ Exercice 2

■ Les temps simples de l'indicatif

- Il en existe **cinq** à l'indicatif.
- Le **présent** sert de point de repère. Il correspond au moment où l'on parle.   ▶ Exercice 3
- Le **passé simple** et l'**imparfait** sont des temps du passé. Ils évoquent des actions **antérieures** au point de repère.   ▶ Exercices 1, 4
- Le **futur** et le **conditionnel** sont des temps tournés vers le futur. Ils évoquent des actions **postérieures** au point de repère.   ▶ Exercice 5

Présent			Futur	Conditionnel
1er groupe	2e groupe	3e groupe	Tous les groupes	Tous les groupes
J'aime	Je finis	Je dis	J'aimerai	J'aimerais
Tu aimes	Tu finis	Tu bois	Tu souffriras	Tu souffrirais
Il aime	Il finit	Il vient	Il mettra	Il mettrait
Nous aimons	Nous finissons	Nous disons	Nous jurerons	Nous jurerions
Vous aimez	Vous finissez	Vous buvez	Vous finirez	Vous finiriez
Ils aiment	Ils finissent	Ils viennent	Ils oseront	Ils oseraient

Passé simple			Imparfait
1er groupe	2e groupe	3e groupe (radical en –i-, -u-, -in-)	Tous les groupes
J'aimai	Je finis	Je dis	J'aimais
Tu aimas	Tu finis	Tu bus	Tu souffrais
Il aima	Il finit	Il vint	Il mettait
Nous aimâmes	Nous finîmes	Nous dîmes	Nous jurions
Vous aimâtes	Vous finîtes	Vous bûtes	Vous finissiez
Ils aimèrent	Ils finirent	Ils vinrent	Ils osaient

Je m'exerce

★ 1 Lis le poème suivant.

Et vous voyez bien que j'avais raison
Quand je vous disais, dans mes moments noirs,
Que vos yeux, foyers de mes vieux espoirs,
Ne couvaient plus rien que la trahison.

Paul Verlaine, « Birds in the night », *Romances sans paroles*, 1872.

a. Combien comptes-tu de verbes à l'imparfait ?
❏ 2 ❏ 3 ❏ 4

b. Quel verbe sert de point de repère à l'imparfait ? ....

Conjugaison

2 **a.** Indique, dans chaque phrase, s'il s'agit d'un temps simple ou d'un temps composé.
   b. Pour chaque temps simple, précise son nom.
   1. J'écris un poème pour chanter mon chagrin. ......
   2. Tu as eu de la chance : l'accident était très grave ! ......
   3. Soudain, le vent se leva. ......
   4. Elle était pâle comme la mort. ......
   5. Les invités ont bien profité de la soirée. ......
   6. Ce monument symbolisera la lutte contre l'oppression. ......

3 **Lis le poème suivant.**

> Je fais souvent ce rêve étrange et pénétrant
> D'une femme inconnue, et que j'aime, et qui m'aime,
> Et qui n'est, chaque fois, ni tout à fait la même
> Ni tout à fait une autre, et m'aime et me comprend.
>
> **Paul Verlaine**, « Mon rêve familier », *Poèmes saturniens*, 1866.

a. À quel temps sont les verbes de ce poème ?
......

b. Quelles peuvent être les terminaisons de ce temps pour la troisième personne du singulier ?
......

4 **Complète le texte suivant en choisissant de conjuguer les verbes au passé simple ou à l'imparfait.**

La nuit .... (bercer) de sa fraicheur les oliviers qui .... (déployer) majestueusement leurs branches. Au loin, la houle de la mer .... (scintiller) comme des milliers d'étoiles. D'ordinaire, la nature ne .... pas (sembler) aussi paisible que cette nuit-là.

5 **Lis le poème suivant.**

> Demain, dès l'aube, à l'heure où *blanchit* la campagne,
> Je partirai. **Vois**-tu, je **sais** que tu m'**attends**.
> J'irai par la forêt, j'irai par la montagne
> Je ne puis demeurer loin de toi plus longtemps.
>
> **Victor Hugo**, « Demain dès l'aube... », *Les Contemplations*, 1856.

a. À quel temps est le verbe en italique ?
......

b. À quel moment renvoient les verbes en gras ?
......

c. Quel adverbe de temps justifie l'emploi du futur ?
......

6 *Écriture*

Sur une feuille, écris trois phrases qui commenceront par : hier – aujourd'hui – demain. Tu utiliseras des verbes variés, uniquement employés à des temps simples.

© Éditions Magnard – La photocopie non autorisée est un délit.

23 Les valeurs du présent

Ce que je sais déjà

1. Il est vingt heures, voici les informations.
2. J'allais enregistrer mon document ; il disparait !
3. « Rien ne sert de courir, il faut partir à point. »
4. Allo ! Je ne t'entends plus !
5. Neuf plus trois font douze.

a. Quelles phrases donnent des informations qui ne sont vraies qu'au moment où elles sont prononcées ?
❏ 1 et 3   ❏ 1 et 4   ❏ 1 et 5

b. Le passé simple pourrait remplacer le présent dans la phrase :   ❏ 2   ❏ 3   ❏ 5

Je retiens

■ Les principales valeurs du présent

▶ Exercice 1

	Valeur	Exemple
Présent d'actualité (ou d'énonciation)	Donne des éléments qui sont vrais au moment où on les dit.	*Il est vingt heures, voici les informations.*
Présent de narration (ou historique)	Raconte des faits passés comme si on les vivait à l'instant où on les raconte.	*J'allais enregistrer mon document ; il disparait !*
Présent de vérité générale (ou permanent)	Énonce une généralité qui dépasse tous les repères temporels.	*Neuf plus trois font douze.*

■ Autres valeurs

▶ Exercices 2 à 5

- On emploie aussi le présent pour exprimer :
  – une **habitude**, une répétition ; Ex. : *Je m'entraine trois fois par semaine.*
  – un **futur proche** ; Ex. : *Émilie nous rejoint tout à l'heure.*
  – un **passé proche** ; Ex. : *Nous rentrons de vacances à l'instant.*
  – un **ordre**. Ex. : *Tu prends ton manteau !*

- Il s'utilise aussi **dans les descriptions.**
  Ex. : *Ses cheveux lui cachent le front.*

Je m'exerce

1 Relie chaque phrase à la valeur du présent qui lui correspond.

1. À quelle heure pars-tu ?
2. La gamme pentatonique comprend cinq notes.
3. Le comte lui apprend la nouvelle ; la comtesse éclate de rire.
4. Je m'exerce sur les emplois du présent.
5. Les feuilles tombent en automne.

- Présent d'actualité
- Présent de narration
- Présent de vérité générale

2 a. Conjugue les verbes entre parenthèses au présent de l'indicatif.

1. Les tortues (être) .... des reptiles pourvus d'une carapace. ....
2. Tu (avancer) .... comme une tortue aujourd'hui ! ....
3. Sa carapace (être) .... jaune et noire et une tache jaunâtre (border) .... son œil. ....
4. Tous les jours, en rentrant, je (s'occuper) .... de ma tortue. ....

b. Précise la valeur du présent dans chaque phrase.

Conjugaison

3 Place ces phrases dans la colonne qui correspond à la valeur du présent.

1. Le docteur vous reçoit dans un instant.
2. Le patient vous attend dans la salle d'examen.
3. Les élèves sortent à l'instant.
4. Les collégiens partent en vacances dans deux jours.
5. La conseillère d'orientation est en rendez-vous.
6. Ton frère vient de partir.

Passé proche	Actualité	Futur proche

4 Ajoute un complément circonstanciel pour justifier la valeur du présent indiquée entre parenthèses.

1. Je t'appelle (futur proche).   Je t'appelle ....
2. Je te téléphone (habitude).   Je te téléphone ....
3. Nous rentrons (passé proche).   Nous rentrons ....

5 a. Lis les extraits suivants. Souligne les verbes conjugués au présent.
b. Indique leur valeur sur les pointillés.

1. [Charles] entra de cet air affable et riant qui sied si bien à la jeunesse, et qui causa une joie triste à Eugénie. [...]
– Vous devez avoir faim, mon cousin, dit Eugénie ; mettez-vous à table.
– Mais je ne déjeune jamais avant midi, le moment où je me lève.
Cependant j'ai si mal vécu en route que je me laisserai faire. D'ailleurs…
Il tira la plus délicieuse montre plate que Bréguet ait faite.
– Tiens, mais il est onze heures, j'ai été matinal.

2. « Vous vivez toujours ici ? leur dit Charles en trouvant la salle encore plus laide au jour qu'elle ne l'était aux lumières.
– Toujours, répondit Eugénie en le regardant, excepté pendant les vendanges.
Nous allons alors aider Nanon et logeons à l'abbaye de Noyers. »

3. « Eh bien, qu'avez-vous donc ? leur demanda-t-il.
– Mais voilà mon père, dit Eugénie.
– Eh bien ?... »
M. Grandet entra, jeta son regard clair sur la table, sur Charles, il vit tout.
« Ah ! ah ! vous avez fait fête à votre neveu, c'est bien, très bien, c'est fort bien ! dit-il sans bégayer. Quand le chat court sur les toits, les souris dansent sur les planchers. »

Honoré de Balzac, *Eugénie Grandet*, 1833.

6 *Réécriture*

Réécris le texte 2 de l'exercice 5 en remplaçant « Vous » par « Tu » et « Nous » par « Je ».
Tu effectueras toutes les modifications nécessaires.

24 Les valeurs des temps du récit au passé

Je découvre

Je découpais tranquillement mon pain, quand un bruit très léger me fit lever les yeux.

Charles Baudelaire, « Le Gâteau », *Le Spleen de Paris*, 1869.

a. À quel temps est le verbe souligné ?
❏ imparfait ❏ passé simple

b. Quel évènement vient interrompre le narrateur ?

....

....

Je retiens

Dans un récit au passé, l'**imparfait** et le **passé simple** permettent de relater des faits qui se sont passés. Ces deux temps de l'indicatif n'ont pas la même valeur d'emploi dans un récit.

■ L'imparfait

- L'**imparfait** présente des évènements situés à l'**arrière-plan**. Ils sont inscrits dans une **durée indéterminée**, c'est-à-dire dont on ne connait ni le début ni la fin. ▶ Exercices 1, 2
  Ex. : *Je découpais tranquillement mon pain […]*

- L'**imparfait** peut exprimer un **état** ou encore une **action répétée**. ▶ Exercice 3
  Ex. : *Tous les matins, je découpais tranquillement mon pain.*

■ Le passé simple
▶ Exercices 1, 4, 5

- Le **passé simple** est utilisé pour évoquer des **évènements uniques** ou **successifs** qui se sont déroulés à un **moment précis**. Ce sont les actions de **premier plan** dont la durée est déterminée.
  Ex. : *[…] quand un bruit très léger me fit lever les yeux.*

Je m'exerce

1 **Lis la phrase suivante.**

Je tirai de ma poche un gros morceau de pain, une tasse de cuir et un flacon […]

Ibid.

a. À quel temps est conjugué le verbe ?

....

b. L'action racontée :
❏ dure dans le temps ❏ est limitée dans le temps

2 **Lis le texte suivant.**

Sur une route, derrière la grille d'un vaste jardin, au bout duquel apparaissait la blancheur d'un joli château frappé par le soleil, se tenait un enfant beau et frais, habillé de ces vêtements de campagne si pleins de coquetterie.

Charles Baudelaire, « Le Joujou du pauvre », *Le Spleen de Paris*, 1869.

a. Entoure les verbes conjugués. Quel est le temps employé dans ce texte ?

....

b. Ces verbes expriment :
❏ un état ❏ une action

Conjugaison

3. Lis le texte suivant.

Le narrateur décrit le rituel du coucher de ses personnages.

La vieille dame, après avoir embrassé son fils et sa belle-fille, se retirait chez elle. Le chat s'endormait sur une chaise de la cuisine. Les époux entraient dans leur chambre.

Émile Zola, Thérèse Raquin, 1867.

a. À quel temps sont les verbes conjugués ?

....

b. Pourquoi s'agit-il d'actions répétées ?

....

4.
a. Complète les phrases suivantes avec le temps (imparfait/ passé simple) qui convient.

1. Arrivé au faîte de la montagne, je (contempler) .... le paysage.
2. Un silence apaisant (régner) ...., quand soudain un chamois apparut.
3. À peine assis, je (boire) ...., (manger) .... et (s'endormir) m'........................
4. Tous les étés, je (parcourir) .... les mêmes sentiers montagnards.
5. Quand je me réveillai, la pluie (se mettre) .... à tomber.

b. Dans quelle phrase les deux temps sont-ils possibles ? ....

5.
a. Associe chaque indice temporel avec le temps verbal qui peut convenir.

Alors : ....

Depuis dix ans : ....

b. Rédige une phrase pour justifier.

....
....

6. Écriture

Pour chaque verbe, rédige une phrase exprimant la valeur indiquée entre parenthèses.

(moment précis) Je changeai ....

(arrière-plan) Tu parlais ....

(évènement unique) Nous arrivâmes ....

(état) Je songeais ....

(moment précis) Ils crurent ....

(action répétée) Vous lanciez ....

7. Écriture

Sur une feuille, imagine la suite de ce texte. Respecte les temps du récit au passé.

Devant moi se tenait un petit être déguenillé, noir, ébouriffé, dont les yeux creux, farouches et comme suppliants, dévoraient le morceau de pain. Et je l'entendis soupirer, d'une voix basse et rauque, le mot : *gâteau* ! Je ne pus m'empêcher de rire en entendant l'appellation dont il voulait bien honorer mon pain presque blanc, et j'en coupai pour lui une belle tranche que je lui offris.

Charles Baudelaire, « Le Gâteau », Le Spleen de Paris, 1869.

25 ▶ Conjuguer avec un auxiliaire

Je découvre

J'étais recommandé à M. de Peyrehorade par mon ami M. de P..... C'était, m'avait-il dit, un antiquaire fort instruit et d'une complaisance à toute épreuve.

Prosper Mérimée, *La Vénus d'Ille*, 1837.

a. Le verbe souligné est-il un auxiliaire ?
  ❏ oui ❏ non

b. Relève les deux verbes employés avec un auxiliaire.
....

Je retiens

Avoir et *être* sont appelés **auxiliaires** quand ils aident à conjuguer d'autres verbes.

▶ Exercice 2

■ Les temps composés

▶ Exercices 3, 4

- Ils se forment à l'aide d'un auxiliaire suivi du verbe au participe passé.
  Ex. : *Il m'avait dit…*

- On utilise l'auxiliaire *être* pour les **verbes pronominaux** et certains **verbes de mouvement** (*aller, venir, monter…*).
  Ex. : *Je me suis battu (se battre) avec lui. Je me suis promené (se promener).*

- On utilise l'auxiliaire *avoir* pour les **verbes de mouvement qui ont un COD** et tous les autres verbes.
  Ex. : *Il est monté. Il a monté les escaliers. Il a parlé.*
                              COD

■ Le passif

▶ Exercices 2, 5

- L'auxiliaire *être* sert aussi à mettre un verbe à la **voix passive** (voir leçon 9).
  Ex. : *J'étais recommandé par mon ami*

- Pour savoir à quel temps est conjugué un verbe au passif, on observe à quel temps est conjugué l'auxiliaire *être*.
  Ex. : *recommandait* = imparfait actif ; *était recommandé* = imparfait passif.

- Au passif, un temps **simple** compte **deux mots** et un temps **composé** en compte **trois**.
  Ex. : *Avait été recommandé* = plus-que-parfait passif.

Je m'exerce

1 Lis le texte suivant.

C'était un ami de jeunesse que j'|avais| beaucoup aimé. Depuis cinq ans que je ne l'avais vu, il semblait vieilli d'un demi-siècle. Ses cheveux étaient tout blancs ; et il marchait courbé, comme épuisé. Il comprit ma surprise et me conta sa vie.

Guy de Maupassant, *Apparition*, 1883.

a. Quel participe accompagne l'auxiliaire encadré ? ❏ aimé ❏ vieilli ❏ courbé
b. Quel autre participe est employé avec le même auxiliaire ? ....
c. Le verbe souligné est-il employé avec un participe ? ....

2 Complète les phrases avec l'auxiliaire qui convient.

1. Ton grand-père .... descendu dans le Sud de la France.
2. Il .... descendu les marches quatre à quatre.
3. Le touriste .... suivi le chemin indiqué.
4. Elle .... suivie par un étrange personnage.

Conjugaison

3 **Lis le texte suivant. Souligne d'un trait les verbes employés avec l'auxiliaire « avoir » et de deux traits ceux employés avec l'auxiliaire « être ».**

Un malheur terrible l'avait brisé. Devenu follement amoureux d'une jeune fille, il l'avait épousée dans une sorte d'extase de bonheur. Après un an de félicité surhumaine et d'une passion inapaisée, elle était morte subitement d'une maladie de cœur, tuée par l'amour lui-même, sans doute. Il avait quitté son château le jour même de l'enterrement, et il était venu habiter son hôtel de Rouen.

Ibid.

4 **a. Les phrases suivantes sont à l'indicatif et à l'actif. Souligne les formes d'« être » et « avoir » quand ils sont employés comme auxiliaires.**
b. Écris à côté de chaque phrase l'infinitif et le temps du verbe conjugué.

1. Les autres officiers n'avaient rien remarqué.
2. Je n'ai pas le temps.
3. Je l'avais pris en haine.
4. Je suis venu pour rapporter mes livres.

5 **Lis le texte suivant.**

M. de Peyrehorade remarque que la belle statue, trouvée dans son jardin, a été abimée.

Il venait d'apercevoir une marque blanche un peu au-dessus du sein de la Vénus. Je remarquai une trace semblable sur les doigts de la main droite, qui, je le supposai, avaient été touchés par le trajet de la pierre, ou bien *un fragment s'en était détaché par le choc* et avait ricoché sur la main. Je contai à mon hôte l'insulte dont j'avais été témoin et la prompte punition qui s'en était suivie.

Prosper Mérimée, *La Vénus d'Ille*, 1837.

a. **Donne l'infinitif de la forme verbale soulignée.**
b. **Ce verbe est à la voix passive. À quel temps est-il conjugué ?**
❏ à l'imparfait ❏ au passé composé ❏ au plus-que-parfait
c. **Écris la proposition en italique au pluriel.**

6 *Réécriture*

Réécris le passage suivant au plus-que-parfait.

[Je] me mis à lui chercher querelle. […] Un jour enfin […], je lui soufflai à l'oreille quelques plates grossièretés. Il s'emporta et me gifla. Nous nous jetâmes sur nos sabres ; les dames s'évanouirent ; on nous sépara de force, et la même nuit nous partîmes pour nous battre.

Alexandre Pouchkine, « Le coup de pistolet », 1831, trad. A. Gide, © Éditions Gallimard.

7 *Écriture*

Tu as été le témoin d'une dispute en pleine rue. Sur une feuille, raconte ce que tu as vu.
Tu commenceras ton texte par : « Alors que j'étais à l'arrêt du bus… »

26 Les modes personnels et non personnels

Ce que je sais déjà

Ne *crois* pas que je *puisse*, quant à présent, te parler à fond des mœurs et des coutumes européennes : je n'en *ai* moi-même qu'une légère idée, et je n'ai eu à peine que le temps de m'étonner.

Montesquieu, *Lettres persanes*, lettre 24, 1721.

a. Les verbes soulignés sont :
  ❏ à l'indicatif ❏ à l'infinitif ?
b. Les verbes en italique sont conjugués à la même personne. ❏ vrai ❏ faux

Je retiens

Le **mode** indique comment **se présente l'action** exprimée par le verbe. Il regroupe plusieurs temps. On distingue les modes **personnels** et les modes **non personnels**.

■ Les modes personnels ▶ Exercices 4, 5

On parle de « verbe conjugué » :
– à **l'indicatif**, pour présenter des faits réels, certains. Il permet de situer une action dans le temps (passé, présent, futur, voir leçon 21) ;
Ex. : *vous venez*
– au **subjonctif**, pour présenter des faits envisagés, souhaités, incertains ;
Ex. : *que vous veniez*
– à **l'impératif**, pour exprimer un ordre, un conseil, à la 2e personne du singulier et aux 1re et 2e personnes du pluriel.
Ex. : *venez*
Remarque : Le conditionnel, souvent employé comme un temps de l'indicatif, peut aussi être utilisé **comme un mode**, lorsqu'on formule des **hypothèses**, ou des faits **imaginaires**.
Ex. : *vous viendriez*

■ Les modes non personnels ▶ Exercice 4

- **L'infinitif** est le mode sous lequel apparait le verbe dans le dictionnaire.
  Ex. : *écrire*
- **Le participe** est utilisé au passé dans les temps composés. On lui associe le **gérondif**, formé de *en* suivi du participe présent.   ▶ Exercices 2, 5
  Ex. : *en écrivant*
  Remarque : Une même intention peut être exprimée à l'aide de modes différents.
  Ex. : Vous *répondrez* en une phrase. *Répondez* en une phrase. *Répondre* en une phrase.
        indicatif   impératif   infinitif
  ▶ Exercice 3

Je m'exerce

1 a. Dans les phrases suivantes, souligne d'un trait les verbes conjugués.
b. Souligne de deux traits les formes verbales à un mode non personnel.
1. Veuillez laisser votre message après le bip sonore.
2. Envoyer le message en attente.
3. Souhaitez-vous vraiment partager ce fichier ?
4. Il attend que vous confirmiez en composant votre code.

Conjugaison

2 **Lis le texte suivant.**

À Paris, le lundi 1er décembre 1664

Il faut que je vous <u>conte</u> une petite historiette […]. Le Roi se mêle depuis peu de <u>faire</u> des vers […]. Il <u>fit</u> l'autre jour un petit madrigal, que lui-même ne trouva pas trop joli. Un matin, il dit au maréchal de Gramont : « Monsieur le maréchal, je vous <u>prie</u>, <u>lisez</u> ce petit madrigal, et <u>voyez</u> si vous en avez jamais <u>vu</u> un si impertinent. »

Mme de Sévigné, *Lettres*, 1664.

a. Place les formes verbales soulignées sur la ligne qui convient.

Mode indicatif : .... Mode impératif : .... Mode subjonctif : ....

Mode infinitif : .... Mode participe : ....

b. Écris chaque forme encadrée au gérondif. ....

3 **Observe les deux verbes de chaque phrase et précise leur mode en fin de ligne.**

1. Je vous invite (1) à rejoindre (2) le hall.
2. J'aimerais (1) que vous rejoigniez (2) le hall.
3. Veuillez (1) rejoindre (2) le hall.
4. En rejoignant (1) le hall, vous accéderez (2) à son bureau.
5. Rejoignez (1) vite le hall, Mme Renard vous attend (2).

4 **Barre l'intrus dans chaque liste.**

Mode indicatif : je donne – que tu donnes – il donna – nous donnerons – vous donniez

Mode impératif : regarde – regardez – ils regardent – regardons

Mode participe : préparer – préparé – préparant – ayant préparé

Mode infinitif : choisir – choisi – chercher – trouver

5 a. Dans le texte suivant, replace ces verbes conjugués au mode indicatif à l'endroit qui convient : ai – aura – est (2 fois) – était – murmura – pouvait – restais – restera – vais

– Comme c'............ triste ! » .... Dorian Gray, gardant les yeux fixés sur son portrait. « Comme c'............ triste ! Je .... devenir vieux, horrible, effrayant. Mais ce tableau .... éternellement jeune. Il n'............ jamais un jour de plus qu'en cette journée de juin… Si seulement ce .... être le contraire ! Si c'............ moi qui .... toujours jeune, et que le portrait, lui, vieillît ! Pour obtenir cela, pour l'obtenir, je donnerais tout ce que j'............ !

Oscar Wilde, *Le portrait de Dorian Gray*, 1890, traduction Jean Gattégno, © Éditions Gallimard, Coll. Folio, 1992.

b. Relève les verbes au mode participe ; tu dois trouver trois formes. ....

c. Relève le verbe au mode subjonctif : .... **et le verbe au mode conditionnel :** ....

6 *Réécriture*

Réécris le texte de « Ce que je sais déjà », en remplaçant « je » par « nous ». Tu effectueras toutes les modifications nécessaires.

Ne crois pas que nous ....

7 *Écriture*

Relis le texte de l'exercice 2 et écris, sur une feuille, la réponse que le maréchal de Gramont fait au roi. Vérifie que tu as utilisé chaque mode au moins une fois.

27 Conjuguer au subjonctif

Ce que je sais déjà

1. Tes grands-parents regrettent que tu ne leur rendes pas visite plus souvent.
2. Je crains qu'il soit en retard.
3. Il vaudrait mieux que vous le leur disiez.
4. Voulez-vous que je vous aide ?
5. Il faut que nous réfléchissions avant de signer.

Observe les phrases précédentes et souligne les verbes conjugués au subjonctif.

Je retiens

■ Comment conjuguer au subjonctif ?

- Les terminaisons du subjonctif présent sont les mêmes pour tous les verbes, sauf *avoir* et *être*.

connaitre	avoir	être
que je connaiss-**e**	que j'aie	que je sois
que tu connaiss-**es**	que tu aies	que tu sois
qu'il connaiss-**e**	qu'il ait	qu'il soit
que nous connaiss-**ions**	que nous ayons	que nous soyons
que vous connaiss-**iez**	que vous ayez	que vous soyez
qu'ils connaiss-**ent**	qu'ils aient	qu'ils soient

- Le radical est le plus souvent celui de la 1re personne du pluriel de l'indicatif présent.
  Ex. : *nous écrivons → que j'écrive*

■ Quelques particularités

▶ Exercices 1 à 4

- Certains verbes du 3e groupe ont un radical différent au subjonctif :
  faire → que je fasse ; **vouloir** → qu'il veuille ; **pouvoir** → que tu puisses ;
  aller → qu'ils aillent ; **savoir** → que nous sachions ; **venir** → que je vienne ;
  valoir → qu'il vaille ; **falloir** → qu'il faille ; **pleuvoir** → qu'il pleuve

- **Les verbes en –oir/e**, ainsi que **tenir**, **fuir** et **mourir** ont deux radicaux.
  Ex. : *croire → que je croie, que nous croyions*
  Attention : Certaines formes du 1er groupe sont identiques à l'indicatif et au subjonctif.
  Ex. : *Je t'appelle dès mon retour. Souhaites-tu que je t'appelle ?*
  🗝 On peut remplacer le verbe du 1er groupe par un verbe du 3e groupe pour les distinguer.
  Ex. : *Je le fais dès mon retour. Souhaites-tu que je le fasse ?*

▶ Exercices 5, 6

Je m'exerce

1 **a. Remplace chaque forme verbale à l'indicatif par le subjonctif.**

b. Entoure les formes homophones.

1. Je m'exerce → ....
2. Tu retiens → ....
3. Elle écrit → ....
4. Nous sommes → ....
5. Vous faites → ....
6. Ils finissent → ....

2 **Transforme chaque groupe à l'infinitif par une proposition subordonnée au subjonctif.**
Ex. : *Il faut prendre un bon petit-déjeuner. Il faut que tu prennes un bon petit-déjeuner.*

1. Il faut éviter cette route. — Il faut que vous ....
2. Il faut réagir à cette attaque. — Il faut que nous ....
3. Il faut avoir du tact dans cette situation. — Il faut qu'elle ....

Conjugaison

3 Complète le tableau avec les formes du subjonctif.

infinitif	subjonctif	infinitif	subjonctif
aller	Que j'............	faire	Que tu ....
revenir	Qu'il	agir	Que nous ....
fuir	Que vous	obtenir	Qu'elles ....

4 Complète les phrases en utilisant des verbes conjugués au subjonctif.

1. Zola a écrit cet article pour qu'............
2. Denise est arrivée avant que ....
3. Madame de Sévigné se plaint que ....
4. Christian a peur que ....

5 a. Réécris ces phrases en remplaçant les sujets soulignés par « vous ».
b. Dans tes réponses, souligne les formes verbales au subjonctif.

1. Je suis sûre qu'<u>ils</u> m'attendent. ....
2. Pourvu qu'<u>ils</u> m'attendent ! ....
3. Le chien aboie pour que <u>son maitre</u> s'occupe de lui.
4. Le chien aboie parce que <u>son maitre</u> ne s'occupe pas de lui.
5. Les supporters ont quitté le stade avant que <u>l'arbitre</u> ne siffle la fin du match.
6. Les supporters ont quitté le stade dès que <u>l'arbitre</u> a sifflé la fin du match.

6 Identifie le mode auquel chaque forme verbale soulignée est conjuguée.

CLÉANTE. – Hé bien ! puisque vous <u>voulez</u> que je <u>parle</u> d'autre façon, <u>souffrez</u>, madame, que je <u>me mette</u> ici à la place de mon père, et que je vous <u>avoue</u> que je <u>n'ai rien vu</u> dans le monde de si charmant que vous […].

Molière, *L'Avare*, Acte III, scène 7, 1668.

7 *Réécriture*

Réécris ce passage en remplaçant « il » par « vous ».

– Je ne m'inquiète pas de ce qu'il projette. Et peu m'importe, même, qu'il garde secrète notre destination. Où que nous allions, et quoi qu'il me demande de faire, j'ai tout ceci.

Delos W. Lovelace, *King Kong*, trad. Robert Latour, © Éditions Albin Michel, coll. J'ai lu, 1976.

8 *Écriture*

Sur une feuille, rédige les indications que tu donnes aux acteurs principaux pour le prochain tournage d'un nouveau *King Kong*. Vérifie que tu as conjugué les verbes au subjonctif.

Tu peux commencer par : Je tiens à ce que… J'aimerais que… J'exige que…

28 Les emplois du subjonctif

« Subjonctif » vient du latin *subjungere* qui signifie *soumettre, ajouter*. Le subjonctif est donc le mode de la dépendance et de la subordination.

Ce que je sais déjà

CATHOS. – […] Le nom de Polyxène, que ma cousine a choisi, et celui d'Aminte, que je me suis donné, ont une grâce dont il faut que vous demeuriez d'accord.

Molière, *Les Précieuses ridicules*, scène 4, 1660.

a. Le verbe souligné est conjugué au mode :
❏ indicatif   ❏ subjonctif

b. « Il faut que » est toujours suivi du subjonctif :
❏ vrai   ❏ faux

Je retiens

Le **subjonctif** est le **mode de l'éventualité**. Dans un tableau de conjugaison, on le reconnaît à la présence de la conjonction *que* devant le pronom sujet.

■ Le subjonctif employé dans les propositions indépendantes ou principales…

… exprime	Exemples
un **ordre**. Le subjonctif remplace alors le mode impératif à la 3ᵉ personne.	*Que personne ne sorte !*
un **souhait**, une **prière**	*Pourvu qu'il fasse beau !*
une **supposition**	*Soit un segment [AB]…*

■ Le subjonctif est employé dans les subordonnées…

	quand	Exemples
relatives	• elles expriment un **but**, un **souhait**, une **conséquence**. • l'antécédent est un **superlatif** ou un élément choisi parmi d'autres.	*Je cherche un exemple qui puisse t'aider.* *Ce sont les femmes les plus ridicules que nous ayons rencontrées.*
conjonctives introduites par *que*	• le verbe de la principale exprime : — un souhait, — une volonté, — un regret, — un doute ou une opinion négative, — un jugement, — une crainte… • le verbe de la principale est à la **forme impersonnelle**. • la principale est à la **forme négative**.	*Elles redoutent que le marquis s'en aille.* *Il faut que vous demeuriez d'accord.* *Je ne suis pas sûre que Marotte ait compris.*

Remarque : On emploie aussi le subjonctif après certaines locutions conjonctives : *bien que, pour que, avant que, afin que…*

Je m'exerce

★ 1 Complète les propositions subordonnées en utilisant des verbes conjugués au subjonctif.

1. C'est la pièce de théâtre la plus extraordinaire que ....
2. J'ai peur qu' ....
3. Il semble que ....

Conjugaison

2 **À quelle proposition subordonnée de l'exercice 1 correspond chacun de ces emplois du subjonctif ? Indique le numéro sur les pointillés.**

La subordonnée .... suit une locution exprimant la crainte.

La subordonnée .... est une proposition relative qui suit un superlatif.

La subordonnée .... suit une tournure impersonnelle.

3 **Place ces phrases dans le tableau selon que le subjonctif y exprime un souhait, une prière, un ordre ou une supposition.**

Pourvu que tu réussisses ! Que tes vœux se réalisent ! Qu'elle attende ! Puissiez-vous obtenir satisfaction. Qu'il sorte ! Qu'il soit gracié !

Un souhait	Un souhait, une prière	Un ordre
....	....	....
....	....	....

4 **Justifie l'emploi du subjonctif dans les phrases suivantes.**

1. Je préfère qu'ils répondent par mail. ....

2. Il faut qu'il se décide avant la fin du mois. ....

3. Je ne pense pas qu'elles reviennent sur leur décision. ....

5 **Lis cet extrait. Observe les passages soulignés puis relie le verbe au subjonctif à l'emploi qui lui correspond.**

GORGIBUS. – Écoutez ; il n'y a qu'un mot <u>qui serve</u>. Je n'entends point <u>que vous ayez</u> d'autres noms qui vous ont été donnés par vos parrains et marraines, et pour ces messieurs, dont il est question, [...] je veux résolument <u>que vous vous disposiez</u> à les recevoir pour maris.

Ibid.

qui serve • • dépend d'une principale à la forme négative

que vous ayez • • dépend d'un verbe de volonté

que vous vous disposiez • • dans une relative qui suit une restriction

6 *Réécriture*

Réécris ces répliques en remplaçant « vous » par « tu ».

– Que voulez-vous ? dit-il enfin brusquement.

– Que vous me rendiez un service, dit timidement le jeune homme.

– Quoi ? reprit Claude.

– Que vous m'aidiez à manger cela. J'en ai trop.

....
....
....
....

7 *Écriture*

Sur une feuille, rédige le compte rendu d'un conseil de classe en cinq phrases. Utilise les verbes *falloir*, *souhaiter*, *s'étonner* et les conjonctions *pour que*, *bien que*.

29 Les particularités des verbes du 3ᵉ groupe

Je retiens

- Les terminaisons du 3ᵉ groupe sont : **-s, -s, -t-** ou **-d, -ons, -ez, -ent**.
- Les verbes en **-dre** et en **-tre** se conjuguent régulièrement sur le modèle de *rendre, battre, mettre*. Leur radical comporte toujours le **-d** ou le **-t**.
  Les exceptions sont : **prendre** et les verbes en **-oindre, -eindre, -aindre, -soudre, -aitre, -oitre**. Ces verbes changent de radical selon le temps et la personne.
- **Le composé** d'un verbe se conjugue comme ce verbe.
  Ex. : *Admettre*, formé du préfixe *ad-* et de *mettre*, se conjugue comme *mettre*.

	Indicatif présent	Indicatif imparfait	Indicatif futur	Indicatif passé simple	Indicatif passé composé	Subjonctif présent
Rendre	Je **rend**s Il **rend** Nous **rend**ons	Je **rend**ais	Je **rend**rai	Je **rend**is	J'ai **rendu**	Que je **rend**e
Battre Mettre	Je **bat**s Il **bat** Nous **bat**tons	Je **batt**ais	Je **batt**rai	Je **batt**is Je **mis**	J'ai **battu** J'ai **mis**	Que je **batt**e
Joindre Craindre Peindre	Je **join**s Il **joint** Nous **joign**ons	Je **joign**ais	Je **joind**rai	Je **joign**is	J'ai **joint**	Que je **joign**e
Dissoudre Résoudre	Je **dissou**s Il **dissout** Nous **dissolv**ons	Je **dissolv**ais	Je **dissoud**rai	Je **résolu**s	J'ai **dissous** J'ai **résolu**	Que je **dissolv**e
Paraitre	Je **parai**s Il **parait** Nous **parais**sons	Je **paraiss**ais	Je **parait**rai	Je **paru**s	J'ai **paru**	Que je **paraiss**e
Croitre	Je **croî**s Il **croît** Nous **crois**sons	Je **croiss**ais	Je **croit**rai	Je **crû**s	J'ai **crû**	Que je **croiss**e
Pouvoir	Je **peu**x Il **peu**t Nous **pouv**ons Ils **peuv**ent	Je **pouv**ais	Je **pour**rai	Je **pu**s	J'ai **pu**	Que je **puiss**e
Valoir	Je **vau**x Il **vau**t Nous **val**ons	Je **val**ais	Je **vaud**rai	Je **val**us	J'ai **valu**	Que je **vaill**e Que nous **val**ions

Je m'exerce

1 Lis le texte suivant.

> Elle <u>se remit</u> à danser. Elle prit à terre deux épées dont elle appuya la pointe sur son front et qu'elle fit tourner dans un sens tandis qu'elle tournait dans l'autre.
>
> Victor Hugo, *Notre-Dame de Paris*, II, 3, 1831.

a. À quel temps est conjugué le verbe souligné ? ....
b. Relève les deux verbes du 3ᵉ groupe conjugués au même temps. ....
c. Donne leur infinitif. ....

Conjugaison

2 Relie chaque forme verbale à l'analyse qui lui convient (il peut y avoir plusieurs réponses).

Formes verbales	Analyse (mode, temps, personne)
mettra •	
joint •	• indicatif, passé simple, 1re pers. sg. ou 2e pers. sg
parus •	• indicatif, futur, 3e pers. sg.
crû •	• participe, passé
croissions •	• subjonctif, présent, 1re pers. pl.
vaudra •	• indicatif, présent, 3e pers. sg.
valus •	• indicatif, imparfait, 1re pers. pl.
mettions •	

3 Lis le texte suivant.

> [...] Il est neuf heures. Je vous écris que je vous aime ; je veux du moins vous l'écrire ; mais je ne sais si la plume se prête à mon désir. Ne viendrez-vous point pour que je vous <u>dise</u>, et que je <u>m'enfuie</u> ? [...]
>
> **Denis Diderot**, « Lettres à Sophie Volland », 10 juin 1759.

a. À quel temps sont les verbes soulignés ?

❏ Au présent de l'indicatif   ❏ À l'impératif présent   ❏ Au présent du subjonctif

b. Relève tous les verbes au présent de l'indicatif. Entoure ceux qui appartiennent au 3e groupe.

....

c. Conjugue les verbes du 3e groupe à toutes les personnes du présent de l'indicatif.

....
....
....
....

4 a. Pour chacun des verbes suivants, trouve d'autres verbes construits avec le même radical.

Battre : ....

Mettre : ....

Prendre : ....

b. Les verbes construits sur le même radical appartiennent au même groupe. Que peux-tu en conclure de leur conjugaison ?

....

5 *Réécriture*

Réécris ce passage en remplaçant « je » par « il ».

> Je m'assis dans un fauteuil, j'abattis la tablette, j'ouvris le tiroir indiqué. Il était plein jusqu'aux bords. Il ne me fallait que trois paquets, que je savais comment reconnaître, et je me mis à les chercher.
>
> **Guy de Maupassant**, *Le Horla*, 1887.

....
....
....
....
....

30 La forme impersonnelle

Je découvre

Vous ne compreniez point, mère, la politique.
Monsieur Napoléon, c'est son nom authentique,
Est pauvre, et même prince ; |il| aime les palais ;
Il |lui| convient d'avoir des chevaux […].

Victor Hugo, « Souvenir de la nuit du 4 », *Châtiments*, 1853.

a. À quelle classe grammaticale appartiennent les mots encadrés ? ❏ déterminant ❏ pronom personnel
b. Qui désignent-ils ?
....

Je retiens

■ La forme impersonnelle   ▶ Exercices 1, 4, 5

- Certains verbes sont appelés **impersonnels**. Ils ne se conjuguent qu'à la 3ᵉ personne du singulier. Ils traduisent des phénomènes météorologiques.
  Ex. : *Il pleut, il neige, il fait froid,*

- S'y ajoutent les verbes : *il faut, il s'agit de, il advient…*

- La plupart des autres verbes peuvent être mis à la **forme impersonnelle**. « Il » devient sujet grammatical (ou sujet apparent). Le sujet réel passe alors après le verbe.
  Ex. : *Une nouvelle est arrivée. Il est arrivé une nouvelle.*
        sujet apparent   sujet réel

- On peut aussi utiliser une **tournure impersonnelle** avec les verbes *avoir, être, faire* :
  Ex. : *Il y a des gens qui… Il est des pays… Il fait chaud.*

■ Le pronom impersonnel   ▶ Exercices 1, 2, 3

- Le pronom impersonnel **ne renvoie à personne, il ne désigne rien**. Il ne peut être remplacé par aucun groupe nominal.

- Il n'a qu'un rôle grammatical de **sujet apparent** : le verbe se conjugue avec lui.
  Ex. : *Il est venu beaucoup de gens.*

- Le pronom impersonnel le plus fréquent est : *il*. On trouve parfois *ça, ce, c'*.
  Ex. : *Il fait du vent. Ça souffle.*

Je m'exerce

1 Lis l'extrait suivant.

Un matin, comme |il| faisait très chaud, *François* sortit pour se baigner dans la Seine.

Guy de Maupassant, *Histoire d'un chien*, 1882.

a. Quelle est la classe grammaticale du mot encadré ? ....
b. Il reprend le mot en italique. ❏ vrai ❏ faux

2 Complète les phrases suivantes avec : il – ça – ce.

1. Se tromper ? .... ne lui arrive jamais !
2. Parfois, ... lui prend des folies !
3. .... n'est pas grave : tu pourras recommencer.
4. .... arrive que l'on se fasse mal.

Conjugaison

3 **Lis le texte suivant.**

Quelle heure était-il quand je repassai sous l'Arc de Triomphe ? Je ne sais pas. La ville s'endormait, et des nuages, de gros nuages noirs s'étendaient lentement sur le ciel. Pour la première fois, je sentis qu'*il allait arriver quelque chose d'étrange, de nouveau*. Il me sembla qu'il faisait froid, que l'air s'épaississait, que la nuit, que ma nuit bien-aimée, devenait lourde pour moi.

Guy de Maupassant, « La nuit », *Clair de lune*, 1888.

a. **Souligne les pronoms impersonnels.**

b. **Reformule la proposition en italique en commençant par : « Une chose »**

....

c. **Quelle phrase préfères-tu ? Pourquoi ?** ....

....

....

4 **Relie chaque phrase avec la forme qui convient.**

1. Il a froid. •
2. Il vaut mieux que tu partes. •
3. Que fait-il ? •
4. Que se passe-t-il ? • • Forme personnelle
5. Il a roulé quatre heures pour arriver. • • Forme impersonnelle
6. Il pleut fort. •
7. Il est quatre heures. •
8. Il crie fort. •
9. Il fait froid. •

5 a. **Lis ce poème. Souligne les tournures impersonnelles utilisées par le poète.**

Il pleure dans mon cœur	Il pleure sans raison
Comme il pleut sur la ville ;	Dans ce cœur qui s'écœure.
Quelle est cette langueur	Quoi ! nulle trahison ?…
Qui pénètre mon cœur ?	Ce deuil est sans raison.
Ô bruit doux de la pluie	C'est bien la pire peine
Par terre et sur les toits	De ne savoir pourquoi
Pour un cœur qui s'ennuie	Sans amour et sans haine
Ô le chant de la pluie !	Mon cœur a tant de peine !

Paul Verlaine, « Ariette », *Romances sans paroles*, 1874.

b. **Quelle tournure a-t-il inventée ?** ....

c. **Quel pourrait être son sujet à la forme personnelle ?** ....

6 *Écriture*

Imagine que tu enquêtes sur un vol et tu émets des hypothèses. Sur une feuille, rédige ton rapport en employant des formes impersonnelles (il semble que, il se pourrait que …)

31 La forme pronominale

Ce que je sais déjà

16 mai. – Je suis malade, décidément ! Je me portais si bien le mois dernier !

Guy de Maupassant, *Le Horla*, 1887.

a. Entoure les pronoms de la première personne.

b. Combien de formes différentes as-tu identifiées ?
....

Je retiens

■ Comment construit-on la forme pronominale ? ▶ Exercices 1 à 4

- Un verbe à la forme pronominale se conjugue avec un **pronom réfléchi**.

- Il s'agit d'un pronom personnel complément à la même personne que le sujet : *je me, tu te, il (elle) se, nous nous, vous vous, ils (elles) se*.
  Ex. : *Je me portais si bien.*

- À l'infinitif, on emploie une forme spécifique de la 3ᵉ personne : *se*.
  Ex. : *se porter*

- Il existe également une forme **renforcée** du pronom réfléchi : *moi-même, toi-même, lui-même, elle-même, (soi-même), nous-mêmes, vous-mêmes, elles-mêmes, eux-mêmes*.
  Ex. : *Tu te laveras **toi-même**.*

■ Le sens des verbes à la forme pronominale ▶ Exercice 5

- Le sujet d'un verbe à la forme pronominale fait une action qui renvoie à lui-même.

- Les verbes **essentiellement pronominaux** ne s'emploient qu'à la forme pronominale.
  Ex. : *Je me repens.* (On ne peut pas dire « je repens quelqu'un ».)

- Beaucoup de verbes peuvent se mettre à la forme pronominale.
  Ils changent alors de sens : **sens réfléchi**, **sens réciproque** ou **sens passif**.
  Ex. : *Il **se regarde** dans la glace.* (lui-même : sens réfléchi)
  *Tous deux **se regardent** avec amour.* (l'un l'autre : sens réciproque)
  *Ce tableau doit **se regarder** de loin.* (être regardé : sens passif)

- Certains verbes ont un sens complètement différent à la forme pronominale.
  Ex. : *Il plie la feuille. / Il se plie à l'ordre du roi* (= il obéit).

Je m'exerce

1 Lis l'extrait suivant.

Moi, je me débats, lié par cette impuissance atroce, qui nous paralyse dans les songes […]

Ibid.

a. Relève le verbe à la forme pronominale. ....
b. Donne son infinitif. ....

2 Complète les phrases suivantes :

1. Je .... demande qui viendra ce soir.
2. Elles .... sont embrassées sur le quai de la gare.
3. Tu .... maquilleras .... pour le spectacle.
4. Le poulet rôti .... mange avec des pommes de terre.
5. Je .... suis vue dans la vitrine du magasin.

Conjugaison

3. Lis l'extrait suivant.

Je dors – longtemps – deux ou trois heures – puis un rêve – non – un cauchemar m'étreint. Je sens bien que je suis couché et que je dors… je le sens et je le sais… et je sens aussi que quelqu'un s'approche de moi, me regarde, me palpe, monte sur mon lit, s'agenouille sur ma poitrine, me prend le cou entre ses mains et serre… serre… de toute sa force pour m'étrangler.

Ibid.

a. Quel est l'infinitif du verbe encadré ? Est-il à la forme pronominale ?
....
b. Relève les verbes à la forme pronominale. ....

4. Lis l'extrait suivant.

Jadis, si je me souviens bien, ma vie était un festin où s'ouvraient tous les cœurs, où tous les vins coulaient.

Un soir, j'ai assis la Beauté sur mes genoux. — Et je l'ai trouvée amère. — Et je l'ai injuriée.

Je me suis armé contre la justice.

Je me suis enfui. Ô sorcières, ô misère, ô haine, c'est à vous que mon trésor a été confié !

Arthur Rimbaud, *Une saison en enfer*, 1873.

a. Entoure les verbes à la forme pronominale.
b. Quels sont ceux essentiellement pronominaux ? ....

5. À l'aide de flèches, indique pour chaque phrase quel est le sens du verbe.

1. Ce vêtement se lave à 40° C. •
2. Elles se téléphonent chaque soir. •   • Sens réfléchi
3. Je me lave les mains avant de passer à table. •   • Sens passif
4. Paul et Pierre se baignent une fois par jour. •   • Sens réciproque
5. Ce plat se mange-t-il froid ? •

6. *Réécriture*

a. Réécris la phrase suivante à la 3e personne du singulier puis à la 3e personne du pluriel.

12 *mai*. — J'ai un peu de fièvre depuis quelques jours ; je me sens souffrant, ou plutôt je me sens triste.

Guy de Maupassant, *Le Horla*, 1887.

....
....
....

b. Que remarques-tu ?
....

7. *Écriture*

À la manière d'Arthur Rimbaud dans le texte de l'exercice 4, écris, sur une feuille, un court texte qui commencera par « Jadis, si je me souviens bien », et dans lequel tu emploieras plusieurs verbes à la forme pronominale.

32 Les accords complexes sujet-verbe

Ce que je sais déjà

Les Sages d'autrefois, qui valaient bien ceux-ci,
Crurent, et c'est un point encor mal éclairci,
Lire au ciel les bonheurs ainsi que les désastres,
Et que chaque âme était liée à l'un des astres.

Paul Verlaine, « Poèmes saturniens », 1866.

a. Quel est le sujet du verbe encadré ?
   ❏ ceux-ci   ❏ Les Sages d'autrefois
b. Le groupe souligné est un sujet au :
   ❏ singulier   ❏ pluriel

Je retiens

- **Le sujet** est le plus souvent placé avant le verbe. Pour le trouver, on pose la question : qui est-ce qui ?
- Le verbe s'accorde avec son sujet, en nombre et en personne.

■ Cas où le sujet est délicat à identifier ▶ Exercices 1, 2, 3, 5

- Il faut faire attention aux **sujets inversés**.
  Ex. : *Toi que regarde au loin le berger = toi que le berger regarde au loin.*
- Quand le sujet est un **pronom relatif**, il faut trouver son **antécédent** (le mot qu'il remplace).
  Ex. : Les Sages d'autrefois qui valaient bien ceux-ci.
        antécédent   sujet
- Le sujet est parfois **séparé** du verbe par des **pronoms personnels**.
  Ex. : *Ils le croyaient.*

■ Cas particuliers ▶ Exercices 4, 6, 7

- Quand le sujet comporte des **personnes différentes**, la 1re personne l'emporte sur la 2e et la 3e ; la 2e l'emporte sur la 3e.
  Ex. : *Toi et moi (= nous) descendons. Toi et lui (= vous) descendez.*
- Quand le sujet est un GN dont le noyau est un **nom collectif**, l'accord se fait selon l'intention de celui qui écrit.
  Ex. : *Une foule d'étoiles apparait* = insistance sur la quantité.
        ou *apparaissent* = insistance sur la nature de ce qui apparait.
- Après **peu, beaucoup, combien, la plupart**, le verbe s'accorde au **masculin pluriel**.
  Ex. : *La plupart sont convaincus de lire au ciel les bonheurs.*

Je m'exerce

1 Complète ces phrases en conjuguant le verbe entre parenthèses au présent.

1. C'est toi qui le (*dire*) ....
2. À qui le (*dire*)....................-vous !
3. Ils le (*connaitre*) .... depuis longtemps.
4. C'est vous qui (*connaitre*) .... la route.
5. (*pouvoir*) ....-on vous aider ?
6. On le leur (*répéter*) .... souvent.

2 Entoure la forme du verbe qui convient.

– Si j'avais été ici, lui **disais/disait** alors Vautrin, ce malheur ne vous **serait/serez** pas arrivé ! Je vous **aurais/aurez** joliment dévisagé cette farceuse-là.

Honoré de Balzac, *Le Père Goriot*, 1835.

Orthographe

3 **Lis cette strophe et relie chaque sujet en gras au verbe qui lui correspond.**

Le vase où meurt cette verveine
D'un coup d'éventail fut fêlé ;
Le coup dut l'effleurer à peine,
Aucun bruit ne l'a révélé.

Sully Prudhomme, « Le vase brisé », *Stances et poèmes*, 1865.

4 **a. Lis le texte suivant. Souligne les sujets des verbes.**
b. Complète les verbes selon les indications données entre parenthèses.

Le luxe, l'insouciance et le spectacle habituel de la richesse, (rendre, présent) .... ces enfants-là si jolis, qu'on les (croire, conditionnel présent) .... faits d'une autre pâte que les enfants de la médiocrité ou de la pauvreté.
À côté de lui, (gésir, imparfait) .... sur l'herbe un joujou splendide […].

Charles Baudelaire, *Le Spleen de Paris*, 1869.

5 **a. Lis l'extrait de poème suivant. Souligne chaque verbe conjugué.**
b. Relie chaque verbe à son sujet.

Déjà l'herbe qui croît sur les dalles antiques
Efface autour des murs les sentiers domestiques
Et le lierre, flottant comme un manteau de deuil,
Couvre à demi la porte et rampe sur le seuil ; […]

Alphonse de Lamartine, « Milly ou la Terre natale », *Harmonies poétiques et religieuses*, 1827.

6 **Conjugue chaque verbe à l'imparfait après avoir souligné son sujet.**

1. Peu (savoir) .... qui (habiter) .... ce château.
2. La plupart (éviter) .... de se promener de ce côté.
3. Romain et toi (évoquer) .... souvent cet endroit.
4. Un groupe de journalistes (interroger) .... les voisins à ce sujet.

7 **Complète chaque phrase avec le verbe au temps demandé et à la bonne personne.**

1. Victor Hugo et Alphonse de Lamartine (écrire, passé composé) .... au XIXe siècle.
2. Toi et moi (savoir, présent) .... bien que le mot « romantique » n'avait pas le même sens alors.
3. Un nombre impressionnant de poètes (vivre, passé simple) .... à cette époque.

8 *Écriture*

Réécris ces phrases en intercalant le plus possible de mots entre le sujet et le verbe. La phrase doit rester compréhensible et avoir du sens.

1. L'étoile brille.

....

2. Le coq chante.

....

3. Nos souvenirs s'enfuient.

....

33 Les terminaisons verbales : -ez, -é ou -er

Ce que je sais déjà

– Il me semble, monsieur, que vous n'avez pas le droit de me <u>donner</u> des ordres, simplement parce que vous êtes plus âgé que moi ou parce que vous <u>avez voyagé</u> davantage.

Charlotte Brontë, *Jane Eyre*, 1847, trad. C. Maurat
© Le Livre de Poche, 1964.

a. Les verbes soulignés appartiennent au 1er groupe :
❏ vrai   ❏ faux

b. La terminaison en *-ez* est celle de :
❏ la 2e pers. du sing.
❏ la 2e pers. du plur.

Je retiens

Plusieurs terminaisons correspondent au son [e] entendu à la fin d'un verbe du premier groupe.

▶ **Exercices 1 à 5**

Terminaisons	Emploi	Exemples	Astuces
-ez	• 2e personne du pluriel des verbes conjugués • le sujet est **vous**, sauf à l'impératif	Ex. : *Av**ez**-vous l'heure, s'il vous plaît ?*	On remplace *vous* par *tu* : *As-tu l'heure, s'il te plaît ?*
-é	• participe passé des verbes du 1er groupe (+ allé) • utilisé seul, comme adjectif, ou avec un **auxiliaire** (voir leçon 34)	Ex. : *Le facteur nous a donn**é** notre courrier.*	On remplace par un verbe du 2e ou du 3e groupe pour entendre un participe passé : *Le facteur nous a remis notre courrier.*
-er	• infinitif des verbes du 1er groupe (+ aller) • après un autre verbe ou après une préposition (à, de, pour, sans…)	Ex. : *Pense à post**er** le courrier.*	On remplace par un verbe du 2e ou du 3e groupe pour entendre un infinitif : *Pense à prendre le courrier.*

Je m'exerce

1 **Lis l'extrait suivant.**

– Il faut donc que vous <u>acceptiez</u> néanmoins de recevoir mes ordres de temps en temps, sans être ⬚froissée⬚ ou ⬚blessée⬚ par le ton de commandement. Y <u>consentez</u>-vous ?

Ibid.

a. **Les verbes soulignés sont des :**   ❏ verbes conjugués   ❏ participes passés ?
b. **Les verbes encadrés sont des :**   ❏ verbes conjugués   ❏ participes passés ?

2 a. **Lis le texte suivant. Encadre la forme du verbe qui convient.**

Il s'était assoupi sans (bougé/bouger) sur le banc du jardin public, seule sa tête s'était (pencher/penchée) en avant ; son somme n'avait pas (durer/duré) plus d'une demi-heure, il le savait, puisque l'ombre du doux soleil n'avait que peu (avancé/avancer) pendant son sommeil.

Fredric Brown, « Cauchemar en gris », *Fantômes et farfafouilles*, trad. Thomas Day, Folio SF,
© Éditions Denoël, 1963-2001 pour la traduction française.

b. **Justifie ta réponse.** ....

....

Orthographe

3 **Remplace le groupe souligné par un verbe synonyme du premier groupe.**

1. L'acteur a <u>dit merci à</u> ses partenaires.

   L'acteur a .... ses partenaires.

2. Les élèves ont <u>dit le poème qu'ils avaient appris</u> devant les parents.

   Les élèves ont .... devant les parents.

3. Il faut <u>reconnaitre</u> que sa décision nous a tous <u>surpris</u>.

   Il faut .... que sa décision nous a tous ....

4 **Complète les formes verbales par *-ez, -é/e/s, -er*.**

1. La jeune fille intimid......... a murmur......... sa réponse.

2. Excus.........-moi, sav.........-vous où nous pouvons trouv......... une pharmacie ouverte ?

3. Celle de la place est ferm......... .

4. Est-ce que vous av......... pens......... à vérifi......... que les fenêtres étaient bien ferm......... avant de vous en all......... ?

5. Enchant......... par leur performance, vous les av......... longuement acclam......... .

5 **a. Indique entre parenthèses « verbe conjugué », « participe passé » ou « infinitif ».**
   b. Complète la deuxième phrase proposée.

1. Tu as fini (............................) par te détendre (............................).

   Vous avez commenc......... à vous décontract......... .

2. Pour courir (............................), tu dois (............................) avoir (............................) ton dossard.

   Pour pouvoir particip......... à la course, vous .... apport......... votre dossard.

3. Envisages (............................)-tu vraiment de te rendre (............................) en Islande l'été prochain ?

   Envisag.........-vous vraiment d'all......... en Islande l'été prochain ?

4. Il a pris (............................) cette décision sans nous en avertir (............................).

   Il a décid......... cela sans nous en parl......... .

6 *Dictée préparée*

Lis cet extrait, puis barre la terminaison qui ne convient pas. Demande ensuite à un adulte de te dicter le texte.

> Une petite table à pieds de griffon, incrustée/er de nacre, d'argent et d'ivoire, était dressé/ée près du lit à deux places, chargée/er de différents mets servis dans des plats d'argent et d'or ou de terre émaillés/ée de peintures précieuses. On y voyait un oiseau du Phase coucher/é dans ses plumes, et divers fruits que leurs saisons empêchent de se rencontrer/és ensemble.
>
> Tout paraissait indiqué/er qu'on attendait un hôte [...].
>
> **Théophile Gautier**, *Arria Marcella*, 1852.

Pieter Claesz, *Nature morte et récipients à boire*, peinture sur bois, 1649.

7 *Écriture*

Sur une feuille, rédige des questions que tu aimerais poser à des correspondants étrangers pour savoir comment ils vivent. N'utilise que des verbes du premier groupe.

34 — Les accords du participe passé

Ce que je sais déjà

Denise était venue à pied de la gare Saint-Lazare, où un train de Cherbourg l'avait débarquée avec ses deux frères, après une nuit passée sur la dure banquette d'un wagon de troisième classe.

Émile Zola, *Au Bonheur des Dames*, 1883.

a. Combien de participes passés cette phrase contient-elle ? ❏ 2 ❏ 3 ❏ 5

b. Avec quel nom le mot souligné s'accorde-t-il ?
❏ Denise ❏ nuit

Je retiens

Pour accorder correctement le participe passé, il faut d'abord observer s'il est ou non employé avec un auxiliaire.

■ Le participe passé employé sans auxiliaire ▶ Exercice 2

Comme l'adjectif, **il s'accorde en genre et en nombre avec le nom ou le pronom** auquel il se rapporte. On se pose la question « Qu(i)'est-ce qui est ? » avant lui.
Ex. : *une nuit passée* (Qu'est-ce qui est passée ? > la nuit >passée)

■ Le participe passé employé avec l'auxiliaire

- **être** : s'accorde avec le sujet du verbe ▶ Exercices 1, 3
  Ex. : *Denise était venue…*

- **avoir** : ne s'accorde jamais avec le sujet ▶ Exercices 1, 4, 5
  Ex : *un train avait débarqué Denise*

  🗝 On cherche s'il y a un COD devant le verbe : – **pas de COD** : le part. passé est invariable (masc. sing.)
  – **un COD** : le part. passé s'accorde avec le COD.
  Ex : *un train l'avait débarquée*
  (= Denise)

Attention : N'oublie pas de vérifier le genre et le nombre de l'antécédent des COD *que, l', les*. Si le COD est le pronom *en*, le participe passé ne s'accorde pas.

Je m'exerce

1 Lis l'extrait de poème suivant.

Quand j'ai connu la Vérité,

J'ai cru que c'était une amie ;

Quand je l'ai comprise et sentie,

J'en étais déjà dégoûté.

Alfred de Musset, « Tristesse », *Poésies nouvelles*, 1840.

a. Encadre les auxiliaires et souligne les participes passés.

b. Au vers 3, avec quel pronom s'accordent les participes passés ? : ❏ l' ❏ je ?

2 Relie chaque nom au participe passé qui lui correspond.

des messages •   • recommandée
des enveloppes •   • cachetées
une lettre •   • reçus

Orthographe

3 **Souligne le sujet du verbe avant d'accorder le participe passé.**

1. La comédie-ballet est invent......... par Molière au XVIIe siècle.
2. Ces pièces ont été cré......... avec les plus grands compositeurs de l'époque.
3. Louis XIV était acclam......... quand il interprétait lui-même la danse.
4. Les spectateurs sont impressionn......... par ses talents.

4 **Justifie l'accord des participes passés en soulignant l'antécédent du pronom *que*.**

(**Attention** : le participe passé de « faire » est invariable quand il est suivi d'un infinitif.)

CLÉONTE. – Peut-on rien voir d'égal, Covielle, à cette perfidie de l'ingrate Lucile ?

COVIELLE. – Et à celle, Monsieur, de la pendarde de Nicole ?

CLÉONTE. – Après tant de sacrifices ardents, de soupirs, et de vœux que j'ai faits à ses charmes !

COVIELLE. – Après tant d'assidus hommages, de soins, et de services que je lui ai rendus dans sa cuisine !

CLÉONTE. – Tant de larmes que j'ai versées à ses genoux !

COVIELLE. – Tant de seaux d'eau que j'ai tirés au puits pour elle !

CLÉONTE. – Tant d'ardeur que j'ai fait paraître à la chérir plus que moi-même !

COVIELLE. – Tant de chaleur que j'ai soufferte à tourner la broche à sa place !

Molière, *Le Bourgeois gentilhomme*, acte III, scène 9, 1671.

5 **Souligne les COD puis accorde les participes passés si besoin.**

Dans cet extrait, monsieur de Chessel parle de ses voisins, les Mortsauf.

[...] je suis allé leur faire une visite de politesse ; ils me l'ont rendu......... et nous ont invit......... à dîner ; l'hiver nous a sépar......... pour quelques mois ; puis les événements politiques ont retardé notre retour [...].

Honoré de Balzac, *Le Lys dans la vallée*, 1836.

6 Réécriture

Réécris ce passage au passé composé.

La jeune fille resta longtemps immobile, les sourcils froncés. Puis elle serra ses mains avec force, les porta à ses lèvres, à son front, écarta les doigts, ramena ses cheveux derrière les oreilles, secoua énergiquement la tête et referma brusquement la fenêtre.

Tourgueniev, *Premier amour*, trad. Michel Rostislav Hofmann, ©Librio, 1994. Pour la trad. française © Edito-Service, Genève, 1869.

7 Écriture

Comme dans l'extrait de l'exercice 4, tu te plains de l'ingratitude d'un(e) proche. Sur une feuille, rédige ton monologue au passé composé. Commence chaque phrase par « Après tant de... » ou « Après tout ce que... ». Vérifie l'accord des participes passés.

35 Les accords dans le GN

Ce que je sais déjà

Quand Mouret l'eut quittée, Denise rentra sous les marronniers, dans l'ombre noire. Longtemps, elle marcha sans but, entre les troncs énormes, le sang au visage, la tête bourdonnante d'idées confuses.

Émile Zola, *Au Bonheur des Dames*, 1883.

a. Combien d'articles définis l'extrait contient-il ?
 ❑ 5   ❑ 7   ❑ 9

b. Combien d'adjectifs qualificatifs au féminin ?
 ❑ 2   ❑ 3   ❑ 6

Je retiens

■ L'accord du déterminant
▶ Exercices 1, 2, 3

Un groupe nominal (GN) est constitué au minimum de deux mots : le nom, « noyau » du GN, et **le déterminant** qui en **précise le genre et le nombre**.
Ex. : *sa main* (déterminant + nom féminin singulier)
Remarque : Les indéfinis *aucun/e*, *chaque* et *nul/le* précèdent un nom au singulier.

■ L'accord de l'adjectif qualificatif
▶ Exercices 3 à 11

- Le GN peut être enrichi par un ou plusieurs adjectifs qualificatifs épithètes.
- **L'adjectif qualificatif épithète** s'accorde **en genre** et **en nombre** avec le **nom** auquel il se rapporte.

Pour former le féminin d'un adjectif qualificatif	Exemples
on ajoute un **–e** à l'**adjectif masculin**.	*l'ombre noire*
on double **la consonne finale** et on ajoute un **–e**.	*ancien → ancienne*
on modifie **le suffixe**.	*heureux → heureuse* ; *doux → douce ; naïf → naïve* ; *cher → chère*…

Pour former le pluriel d'un adjectif qualificatif	Exemples
on ajoute un **–s** à l'**adjectif singulier**.	*les troncs énormes*
on modifie **la terminaison al** de l'adjectif singulier. Elle devient **–aux**. sauf *banals, bancals, fatals, natals, navals*	*royal → royaux*
on ajoute un **–x** à l'**adjectif singulier** en **–eau**.	*beau → beaux*

- Un même adjectif peut qualifier plusieurs noms ; il s'accorde alors au pluriel.
Ex. : *Il avait un aplomb, une audace déconcertants.*

■ L'accord des adjectifs de couleur
▶ Exercices 12, 13

Ils ne s'accordent pas :
– quand ils ont pour origine un nom de fleur, de fruit, de métal…
Ex. : *des assiettes* (de la couleur de l') *orange, mais des assiettes roses, mauves*
– quand ils sont composés, nuancés par un autre mot.
Ex. : *des assiettes blanc cassé*

Je m'exerce

1 Choisis le déterminant démonstratif qui convient pour former un GN : ce – cet – cette – ces.

Attention : plusieurs réponses sont parfois possibles.

1. .... automne   2. .... mois   3. .... années   4. .... jour   5. .... après-midi
6. .... semaine   7. .... temps   8. .... ère   9. .... trimestre

Orthographe

2. **a.** Écris *du, de la, de l', des* devant le nom pour préciser son genre et son nombre.
b. Retrouve et accorde les adjectifs qualificatifs qui conviennent. Aide-toi de l'initiale.

1. .... haricots v.........
2. .... viande h.........
3. .... beurre s.........
4. .... crème f.........
5. .... poulet r.........
6. .... eau p.........
7. .... eau g.........
8. .... crème g.........
9. ...... raisin b.........

3. **a.** Souligne les déterminants possessifs.
b. Encadre les adjectifs qualificatifs.

> Ses pommettes, saillantes et brunes au milieu des tons blafards de son teint, indiquaient une charpente assez forte pour lui assurer une longue vie. Son œil clair, jaune et dur tombait sur vous comme un rayon du soleil en hiver, lumineux sans chaleur, inquiet sans pensée, défiant sans objet.
>
> **Honoré de Balzac**, *Le Lys dans la vallée*, 1836.

c. Réécris les adjectifs masculins au féminin.

....

4. Précise entre parenthèses le genre (m/f) et le nombre (s/p) du nom en gras avant d'accorder les adjectifs en italique. La première réponse t'est donnée en exemple.

> Madame de Lenoncourt était alors une **femme** (f/s) de cinquante-six ans, parfaitement *conservée* et qui avait de *grand*...... **manières** .... En voyant ses yeux d'un **bleu** .... *dur*.........., ses **tempes** .... *rayé*.........., son **visage** .... *maigre*.......... et *macéré*.........., sa **taille** .... *imposant* ...... et *droit*........, ses **mouvements** .... *rare*......, sa **blancheur** .... *fauve*.......... qui se revoyait si *éclatant*........ dans sa fille, je reconnus la **race** .... *froid*.......... d'où procédait ma mère, aussi promptement qu'un minéralogiste reconnaît le fer de Suède. Son langage était celui de la *vieil*........ **cour** ....
>
> *Ibid.*

5. Lis le texte suivant et accorde les adjectifs qualificatifs comme il convient.

> Une aube affaibli.......
> Verse par les champs
> La mélancolie
> Des soleils couchant........
> La mélancolie
> Berce de dou....... chants
> Mon cœur qui s'oublie
> Aux soleils couchant........
> Et d'étrange....... rêves
> Comme des soleils
> Couchant....... sur les grèves,
> Fantômes vermeil......,
> Défilent sans trêves,
> Défilent, pareil......
> À des grand....... soleils
> Couchant.......sur les grèves.
>
> **Paul Verlaine**, *Poèmes saturniens*, 1866.

Eduard Munch, *Melancholy*, 1894, huile sur toile, The Bergen Art Museum, Norvège.

6 **Replace ces adjectifs qualificatifs dans la strophe. Ils te sont donnés dans l'ordre mais ils n'ont pas été accordés :** calme – noir – blanc – grand – couché – long – lointain

Sur l'onde .... et .... où dorment les étoiles

La .... Ophélia flotte comme un .... lys,

Flotte très lentement, ... en ses .... voiles…

– On entend dans les bois .... des hallalis.

Arthur Rimbaud, « Ophélie », *Poésies*, 1870.

7 **Place les adjectifs qualificatifs suivants à l'endroit qui convient. Aide-toi du genre et du nombre des noms :** <u>blancs</u> – corrigée – entouré – <u>faux</u> – <u>immense</u> – jaunes – maigre – patriarcale – <u>petits</u> – poli – saumon clair – <u>singulière</u>

C'était une .... figure que celle du marchand : un crâne ...., ... comme un genou, ... d'une .... auréole de cheveux .... que faisait ressortir plus vivement le ton .... de la peau, lui donnait un .... air de bonhomie ...., ... du reste, par le scintillement de deux .... yeux .... qui tremblotaient dans leur orbite […].

Théophile Gautier, *Le Pied de momie*, 1840.

8 **a. Complète le tableau avec les adjectifs qualificatifs soulignés dans l'exercice 7.**
b. Écris-les ensuite au masculin ou au féminin.

Adjectif qualificatif au féminin	Adjectif qualificatif au masculin

9 **Complète les groupes nominaux au féminin.**

1. un résultat moyen → une note ....
2. un signal martien → une onde ....
3. un ancien boulevard parisien → une .... avenue ....
4. un jeune homme émotif → une jeune fille ....
5. un appartement neuf → une maison ....

10 **Complète les adjectifs au masculin puis au féminin.**

1. un être hid..................... une créature hid.....................
2. un garçon charman..................... une fille charman.....................
3. un visage graci..................... une figure graci.....................
4. un pas lour..................... une démarche lour.....................
5. un b..................... homme une bel..................... femme
6. des mots dou..................... des paroles dou.....................
7. un ton plaint..................... une voix plaint.....................
8. un être che..................... une personne ch.....................

Orthographe

11 **Réécris ces groupes nominaux au pluriel.**

1. un journal régional ....
2. un chant provençal ....
3. un vignoble tourangeau ....
4. un conseil général ....
5. un argument génial ....
6. un meuble bancal ....

12 **Accorde les adjectifs de couleur comme il convient.**

1. Les amis du jeune couple ont lancé des pétales de roses rouge.... à la sortie de la mairie.
2. Le cinquième album des aventures de Tintin s'intitule *Le Lotus bleu*, le septième a pour titre *L'Île noir*....
3. Je me souviens avoir vu *Tintin et les oranges bleu*...... à la télévision.
4. Casimir est un dinosaure orang.... à pois jaune.... et rouge....
5. Son cousin Hippolyte a la peau vert....
6. Chaque joueur place ses vingt pions blanc.... ou noir.... sur les cases noir........

13 **Réécris les groupes nominaux soulignés en nuançant l'adjectif de couleur.**

1. Les visiteurs admirent les toiles bleues du maître.

....

2. Ma petite sœur raffole des paillettes roses ; elle en met partout !

....

3. Mon collègue a revendu sa voiture grise.

....

4. De longs rideaux verts encadraient les fenêtres.

....

14 *Dictée préparée*

Gervaise, les manches retroussées, montrant ses beaux bras de blonde, jeunes encore, à peine rosés aux coudes, commençait à décrasser son linge. Elle venait d'étaler une chemise sur la planche étroite de la batterie, mangée et blanchie par l'usure de l'eau ; elle la frottait de savon, la retournait, la frottait de l'autre côté. Avant de répondre, elle empoigna son battoir, se mit à taper, criant ses phrases, les ponctuant à coups rudes et cadencés.

Émile Zola, *L'Assommoir*, 1877.

a. Justifie la terminaison des adjectifs qualificatifs en retrouvant à quels noms ils se rapportent.

Ex. retrouss**ées** → les manches

....

....

b. Souligne les groupes préposition + infinitif.

15 *Écriture*

Sur une feuille, décris ce qu'il y a sur ta table, en utilisant un maximum de groupes nominaux. N'oublie pas de préciser les couleurs.

36 Le pluriel des noms composés

> « L'air est essentiellement composé de dioxygène et de diazote. »
> Ici, *composer* signifie *constituer à partir de deux éléments*.

Ce que je sais déjà

1. Tous les après-midis, le docteur recevait sur rendez-vous.
2. Il passait aussi de nombreux weekends à l'hôpital.
3. Ses grands-parents lui offraient de petits hotdogs en amuse-gueule.

a. Combien ces phrases contiennent-elles de noms composés ? ☐ 4 ☐ 6
b. Lesquels sont d'origine étrangère ? ....

Je retiens

■ Les noms composés sans trait d'union
▶ Exercices 1, 5, 7

- Les noms composés d'un nom suivi d'un complément du nom forment une **unité** qu'on ne peut séparer par un adjectif. **Le premier nom se met au pluriel**, le complément du nom s'accorde selon le sens.
  Ex. : Des **produits d'entretien** (= pour l'entretien).
  Des **rouges à lèvres** (= pour les lèvres)

- Les noms peuvent aussi être composés de **deux éléments devenus soudés**. Ils sont considérés comme un mot simple.
  Ex. : Des **croquemonsieurs**. Un **portefeuille**.
  C'est le cas de noms d'origine étrangère ou issus d'onomatopées. Dans ce cas, ils se mettent **au pluriel** comme un mot simple.
  Ex. : Des **weekends**, des **tamtams**.

■ Les noms composés avec trait d'union

- Seuls les **noms et adjectifs s'accordent**.

- Quand un nom composé est formé de **deux noms** apposés ou **d'un nom accompagné d'un adjectif**, les deux éléments prennent la marque du pluriel, sauf si le sens impose le singulier.
  Ex. : des **portes-fenêtres**, des **coffres-forts**, des **chèques-restaurant**. ▶ Exercice 4, 5

- Quand un nom composé est formé d'un **verbe**, d'une **préposition** ou d'un **adverbe** suivis d'un nom, seul le nom prend la marque du pluriel. ▶ Exercice 6
  Ex. : Des <u>porte</u>-clés, des <u>arrière</u>-pensées.
       verbe   préposition

Je m'exerce

1 Relie chaque mot variable de la colonne de gauche à un élément de la colonne de droite pour retrouver des noms composés.

des après- •   • abris
des arrière- •   • expertises
des contre- •   • gouts
des pour •   • midis
des sans- •   • parlers

2 Retrouve le premier mot de ces mots composés.

1. des ....-manteaux, des ....-bonheur
2. des ....-midis, des ....-ski
3. des ....-bouchons, des ....-fesses
4. des ....-noix, des ....-têtes
5. des ....-boutiques, des ....-grands-mères
6. des ....-chocs, des ....-soleil

Orthographe

3 **Complète ces noms composés en respectant la classe grammaticale indiquée entre parenthèses. Pense à accorder quand c'est nécessaire.**

Au garage, le concessionnaire montre aux clients les essuie-(nom)................, les (verbe) ....-chocs, et à l'intérieur : les vide-(nom)................, les pare-(nom)................ .

4 **Complète ces noms composés à l'aide d'un nom évoquant une partie du corps.**

1. Un ....-à-corps
2. Un .... à terre
3. Un cure-............
4. Un coupe-............
5. Un fier-à-............
6. Un cale-............
7. Un casse-............
8. Un sèche-............
9. Un accroche-............

5 **Complète les phrases en mettant ces noms composés au pluriel.**

un chauffe-biberon – un chèque-restaurant – un court-bouillon – un croquemonsieur – un mélimélo – un rince-doigts – un vol-au-vent

1. Nous prendrons deux .... de crudités, et trois ....
2. Avez-vous des .... pour les bébés ?
3. Acceptez-vous les .... ?
4. Préparez-vous vous-mêmes les .... ?
5. Pourriez-vous réchauffer les .... ?
6. Auriez-vous quelques .... ?

6 **a. Retrouve les noms composés correspondant aux définitions suivantes.**

1. Rencontres convenues entre plusieurs personnes : ....
2. Écharpes qui peuvent couvrir le bas du visage s'il fait froid : ....
3. Navires construits pour la navigation arctique : ....
4. Plateaux fixés sur un vélo, permettant de transporter des objets : ....

b. À quelle classe grammaticale appartient à chaque fois le premier mot ?

....

7 **Indique la classe grammaticale des mots soulignés puis mets les noms en gras au pluriel.**

1. Cette <u>arrière</u>-**garde** s'était dévouée pour tâcher de sauver une effroyable multitude de traînards engourdis par le froid […].

....

2. Cependant le jeune **aide** de camp était arrivé, non sans peine, à la seule maison de bois qui fût restée debout, à Studzianka.

....

3. Bientôt la comtesse descendit doucement du haut de son sapin, en voltigeant comme un <u>feu</u> follet, en se laissant aller parfois aux ondulations que le vent imprimait aux arbres.

....

Honoré de Balzac, *Adieu !*, 1830.

8 *Écriture*

Sur une feuille, rédige une définition des noms composés : belle-sœur – arrière-grand-père – grand-oncle – petite-fille **et précise leur pluriel.**

37 En chiffres ou en lettres ?

> **Je comprends les mots de la grammaire**
> Le mot « chiffre » vient de l'arabe *sifr* qui désigne « le vide, le zéro », sens qu'il garde en mathématiques d'abord, avant de désigner chacun des signes écrits de numérotation.

Ce que je sais déjà

1. Je vous dois encore quatre-vingts centimes.
2. Tu dis qu'elle a vingt-et-un ans ?
3. Vers 1800, Paris compte environ 550 000 habitants. Au cours du XIXe siècle, sa population augmente considérablement [...] et atteint le million d'habitants dès les années 1840.

© Wikipédia, « Démographie de Paris »

a. « Vingt » est variable quand il est multiplié :
   ❏ vrai   ❏ faux
b. Les chiffres arabes ont été :
   ❏ soulignés   ❏ encadrés
c. Les chiffres romains ont été :
   ❏ soulignés   ❏ encadrés

Je retiens

■ Les chiffres romains et les chiffres arabes   ▶ Exercices 3, 4

Chiffres romains	I	V	X	L	C	D	M
Chiffres arabes	1	5	10	50	100	500	1000

Ils fonctionnent par **addition** si le chiffre inférieur est **à droite**, par **soustraction** s'il est **à gauche**.
Ex. : *IV = 4 ; XII = 12 ; MMXV = 2015*

■ Emploi   ▶ Exercices 2, 3, 5

Chiffres arabes	Chiffres romains	Lettres
• les dates Ex. : *le 5 octobre* • les numéros dans les adresses Ex. : *34 rue de Paris* • les numéros de lignes ou de vers • les quantités dans la presse	• les siècles Ex. : *le XIXe siècle* • le rang des rois et des empereurs Ex. : *Louis XVIII*	• les âges Ex. : *vingt-sept ans* • les proportions Ex. : *un quart, un tiers* • les adjectifs ordinaux • les quantités dans un texte rédigé en langage soutenu ou officiel

■ La quantité et le rang   ▶ Exercices 1, 4

- Les **déterminants numéraux** indiquent une quantité. Ils sont :
  – reliés par des traits d'union quand ils sont composés ;
  – invariables sauf *vingt* et *cent* qui prennent un **s** quand ils sont multipliés, sans être suivis par un autre nombre.
  Ex. : *deux-cents / deux-cent-six*.
- Les **déterminants numéraux** peuvent aussi indiquer le rang.
  Ex. : *Napoléon III, acte IV, scène 5*.
- Les **adjectifs ordinaux** indiquent le rang d'un élément.
  Ex. : *Napoléon III est le **deuxième** empereur au XIXe siècle*.
  Écrits en chiffres, ils s'abrègent ainsi : 1er, 1re (première), 2nd (second), 2e (deuxième), 3es (troisièmes).
- Les **noms** : millier(s), million(s) et milliard(s) s'accordent.

Je m'exerce

★ 1 Relie chaque nom à sa définition.

chiffre •   • Nombre utilisé pour indiquer la place de quelque chose dans une série.
nombre •   • Chacun des symboles ou caractères servant à écrire les nombres.
numéro •   • Notion qui permet de compter, de dénombrer, de classer, de mesurer.

Orthographe

2 **Réécris cette lettre de façon à remplacer tous les chiffres par des lettres.**

Victor Hugo à Paul Meurice   Marine-Terrace, 4/10/1853

Coup sur coup, lettre sur lettre. Hier Auguste, aujourd'hui moi. Cher poète, vous trouverez sous ce pli 2 choses :

1° Une lettre au libraire Gosselin […]

2° Un bon de 360 francs

Correspondance entre Victor Hugo et Paul Meurice, préface de Jules Claretie, 1909. (Gallica)

....

....

....

3 **Écris ces nombres en lettres.**

XIV : ....   780 : ....

87 : ....   MCMXCIX : ....

400 : ....

4 **En t'aidant de la notice, complète les phrases en indiquant les déterminants numéraux et les adjectifs ordinaux en chiffres et en lettres. Choisis bien entre chiffres romains et arabes.**

Notice bibliographique

Victor Hugo 1802-1885

Romans : 1818 : *Bug-Jargal*, 1823 : *Han d'Islande*, 1829 : *Le Dernier Jour d'un condamné*, 1831 : *Notre-Dame de Paris*, 1834 : *Claude Gueux*, 1862 : *Les Misérables* […]

Victor Hugo a vécu au .... siècle. Il a vécu .... ans.

Sa .... œuvre est *Bug-Jargal*. Il l'a écrite à .... ans.

Les Misérables est son .... roman.

5 **Complète cet extrait en écrivant les nombres en toutes lettres.**

Ils trouvèrent, dans une boutique du Palais-Royal, un chapelet de diamants qui leur parut entièrement semblable à celui qu'ils cherchaient. Il valait 40 000 .... francs. On le leur laisserait à 36 000 ....

Ils prièrent donc le joaillier de ne pas le vendre avant 3 .... jours. Et ils firent condition qu'on le reprendrait pour 34 000 .... francs, si le 1er .... était retrouvé avant la fin de février.

Loisel possédait 18 000 .... francs que lui avait laissés son père. Il emprunterait le reste.

Il emprunta, demandant 1 000 .... francs à l'un, 500 .... à l'autre, 5 .... louis par-ci, 3 .... louis par-là.

Guy de Maupassant, « La parure », *Contes du jour et de la nuit*, 1885.

6 *Écriture*

Complète les phrases suivantes en écrivant en chiffres, puis en lettres les indications demandées.

J'ai (âge). Je suis en (classe). Mon collège se situe (adresse). Je le fréquente depuis (année).

....

....

38 Nul, tel, quel

> « Tel père, tel fils » signifie que le fils est comme son père, qu'il a les mêmes qualités et les mêmes défauts que lui.

Ce que je sais déjà

1. ⌐Nul¬ ne peut être insensible à cet argument.
2. Vous ne pourrez refuser une <u>telle</u> offre.
3. Le client accepta les conditions <u>telles quelles</u>.

a. Les mots soulignés s'accordent avec le nom qu'ils accompagnent : ❏ vrai ❏ faux
b. Le mot encadré est : ❏ un déterminant ❏ un pronom

Je retiens

Pour bien accorder **nul**, **tel** et **quel**, il faut d'abord identifier leur classe grammaticale.

■ Les déterminants ou adjectifs *nul*, *tel* et *quel* ▶ Exercices 1, 2, 3

Quand *nul*, *tel* et *quel* sont **déterminants** ou **adjectifs**, ils prennent le genre et le nombre du nom qu'ils **accompagnent**.
Ex. : *Une <u>telle</u> <u>offre</u>* (féminin singulier). *<u>Quelle</u> est cette <u>offre</u> ?*

■ Les pronoms *nul* et *tel*

- Quand *nul* et *tel* sont des **pronoms**, ils prennent le genre et le nombre du nom qu'ils **remplacent**.
  Ex. : *Tels sont les heureux élus.*
- Quand on n'a pas d'indice, on met le pronom au **masculin singulier**.
  Ex. : *Nul ne peut être insensible à cet argument.* ▶ Exercices 4, 5

■ La locution *tel quel*

- *Tel quel* signifie « sans changement, dans le même état » ; l'expression s'accorde avec les mots auxquels elle se rapporte.
  Ex. : *Le client accepta les <u>conditions</u> telles quelles.*
  Attention : Il ne faut pas la confondre avec *tel(s) qu'il(s)*, *telle(s) qu'elle(s)*
  Ex. : *Ils ont une volonté telle qu'ils vont réussir.* ▶ Exercice 6

Je m'exerce

1 a. À quelle classe grammaticale appartient « nul » dans le proverbe « À l'impossible, nul n'est tenu. » ? ....
b. Et dans cette phrase de Mme de Sévigné : « Il n'y a nul danger d'écrire le soir. »
....

2 a. Complète ces expressions en écrivant *tel(les)* comme il convient.
1. .... arbre, ... fruit 2. .... grain, ... pain 3. .... vie, ... fin
4. .... fourreau, ... couteau 5. .... maitre, ... valet.
b. Crée d'autres expressions sur le même modèle en respectant l'orthographe de *tel*.
1. Tel ...., tels ....
2. Telle ...., telle ....
3. Tel ...., telle ....

Orthographe

3 **Lis les phrases suivantes.**

1. Quel......... chant d'hirondelle joyeuse, quand elle pouvait rire ! mais quel......... voix de cygne appelant ses compagnes, quand elle parlait de ses chagrins !

2. Quel......... changement dans ce paysage si frais et si coquet avant mon sommeil !

3. Quel......... femme n'aurait pas chancelé comme elle en recevant ce coup ?

4. – Quel......... délicieuses odeurs arrivent ici, et les beaux effets de lumière ! m'écriai-je […].

   Honoré de Balzac, *Le Lys dans la vallée*, 1836.

a. À quelle classe grammaticale appartient *quel* dans ces phrases ?

....

b. Accorde correctement le mot *quel*.

4 **a.** Dans l'expression « Tel est pris qui croyait prendre », « tel » est-il :
❏ pronom ❏ déterminant indéfini ?

b. Réécris l'expression en remplaçant « tel » par « telle ». Fais toutes les modifications qui s'imposent. ....

c. Réécris l'expression en remplaçant « tel » par « tels ». Fais toutes les modifications qui s'imposent. ....

5 **a.** Souligne *tel* quand il est déterminant ou adjectif dans ces phrases extraites de la correspondance de Madame de Sévigné.

1. J'ai vu avec beaucoup de plaisir ce que vous écrivez à notre Abbé ; nous ne pouvons, avec de telles nouvelles, nous ôter tout à fait l'espérance de votre retour.

2. Me prend-on mes lettres ? car, pour les retardements de la poste, cela ne pourrait pas faire un tel désordre.

3. Je trouve que, dès qu'on tombe malade à Paris, on tombe mort ; je n'ai jamais vu une telle mortalité.

4. Je suis en butte à tout le monde, et tel qui ne m'a jamais écrit s'en avise, pour mon malheur, afin de me l'apprendre.

b. À quelle classe grammaticale appartient celui que tu n'as pas souligné ?

....

Pietro Rotari, *Jeune femme écrivant une lettre d'amour*, 1745, huile sur toile, Norton Simon Art Museum, Californie.

6 **Complète, à l'endroit qui convient, avec :** telle quelle – telle qu'elle – telles qu'elle – telles quelles.

1. Je la revois .... m'est apparue la première fois.

2. Elle est restée ....

3. Elle assure qu'elle a reçu les feuilles ....

4. Elle range les feuilles .... les a reçues.

7 *Écriture*

Sur une feuille, rédige des phrases avec *nul*, *tels*, *quelle* et *telles quelles*.

39 Le radical, ses préfixes et ses suffixes

Je comprends les mots de la grammaire
Une famille est un ensemble de personnes qui ont des points communs, notamment des origines communes.

Ce que je sais déjà

Le <u>vieux</u> gnome, furetant dans ses **vieilleries**, étala devant moi des bronzes <u>antiques</u> ou soi-disant tels […].

Théophile Gautier, *Le Pied de momie*, 1840.

a. Les deux mots en gras sont des :
  ❏ synonymes ❏ mots de la même famille

b. Les deux mots soulignés sont des :
  ❏ synonymes ❏ mots de la même famille

Je retiens

■ Les mots d'une même famille
▶ Exercices 1, 3, 9

Pour que deux mots soient de la même famille, il faut qu'ils aient une partie commune appelée **radical**. Ce radical les rattache à une **même idée**.
Ex. : *antiques* et *antiquaire* sont de la même famille, mais pas *antiques* et *anticorps*.

■ Décomposer un mot
▶ Exercices 7, 9

- Le radical peut être précédé d'un préfixe et suivi d'un suffixe.
  Ex. : ***ap**-profond-**ir*** (préfixe et suffixe).
- Au contact d'autres lettres, le radical peut légèrement se modifier. C'est le cas par exemple quand on conjugue un verbe.

■ Les préfixes
▶ Exercices 4, 5, 7

Ils se placent **devant** le radical et changent le **sens** du mot.

Le préfixe	du latin	indique	exemple
bi-	*bis* : deux fois	le redoublement.	*bicolore*
co-, col-, com-, con-, cor-	*cum* : avec	la réunion, la simultanéité	*coexistence, collaborer, combat, confus, correction*
dé-, des-, dés-	*dis*	la séparation, l'éloignement.	*débat*
sous-, sou-	*sub* : sous	l'infériorité	*sous-officier, souvenir*
trans-	*trans* : par-delà	le passage, le changement	*transiter*

■ Les suffixes
▶ Exercices 2, 6, 7, 8

- Ils se placent **derrière** le radical et changent la **classe grammaticale** du mot.
- Les suffixes **–et(te)**, et **–ot(te)** servent à former des **diminutifs**.
  Ex. : *pâle → pâlot → pâlotte*
- Les suffixes **–oir** et **–oire** servent à former des **noms** d'**instruments** et de **lieux**.
  Ex. : *un mouchoir, un laboratoire*

Je m'exerce

1 Parmi ces couples, raye ceux qui ne sont pas des mots de la même famille.

ami – amitié   bonheur – malheur   diner – repas   régulier – irrégulier
âge – visage   heureux – heure   corps – corpulence   tranquille – tranquillité

2 a. On peut fabriquer des verbes en ajoutant « -er » à des onomatopées. Quels sont ces verbes ?

glouglou : ....   miaou : ....   meuh : ....
clac : ....   Bêêê : ....

b. Trouve un autre verbe fabriqué sur ce modèle. ....

Orthographe

3 Complète le tableau. Chaque ligne doit contenir des mots de même famille, chaque colonne doit contenir des mots de même classe grammaticale.

connaitre	....	....	....
....	se remémorer	....	mémorable
....	....	passage	....

4 Souligne les préfixes dans ces mots.

1. bipède
2. sous-marin
3. déambuler
4. transcrire
5. sous-effectif
6. déplorer
7. souligner
8. transférer
9. bicorne

5 Fais précéder chaque radical du préfixe qui convient. Plusieurs réponses sont parfois possibles.

..............riger, ...baller, ...mensuel, ...laborer, ...barbouiller, ...sectrice, ...hériter, ...mettre ....tenir, ...estimer, ...servir, ...tendu, ...terrain , ...habiter

6 Souligne les suffixes dans ces mots.

1. arrosoir
2. bouillotte
3. patinoire
4. répertoire
5. réservoir
6. présentoir
7. vieillotte
8. chambrette
9. isoloir

7 Souligne les préfixes et les suffixes dans ces mots.

1. bicyclette
2. dévidoir
3. déambulatoire

8 Donne les diminutifs correspondant aux mots suivants.

1. malle : ....
2. garçon : ....
3. poule : ....
4. maison : ....
5. pièce : ....
6. pâle : ....

9 Lis l'extrait suivant.

> Aux navires captifs toujours ils appendront
> Leurs drapeaux de <u>victoire,</u>
> Afin que le vaincu porte écrite à son front
> Sa honte avec leur <u>gloire</u> !

Victor Hugo, *Orientales*, « Canaris », 1829.

a. Propose quatre noms qui pourraient rimer avec les noms soulignés.

....

b. Forme au moins huit mots autour du radical du mot encadré.

....

10 *Écriture*

Sur une feuille, rédige un paragraphe avec cinq verbes formés à partir du verbe *tenir*.

40 Les homophones

> « Le ministre salue son homologue. »
> Un homologue exerce les mêmes fonctions.

Ce que je sais déjà

Souvent, mes douleurs me retenaient durant ⬚des⬚ semestres entiers dans de petites villes où l'on prodiguait ⬚des⬚ soins au Français malade, mais où l'on riait au nez de cet homme ⬚dès⬚ qu'il prétendait être le colonel Chabert.

Honoré de Balzac, *Le Colonel Chabert*, 1832.

Les mots encadrés sont des homophones :
❏ oui   ❏ non

Je retiens

Les **homophones** sont des mots qui se prononcent de la même façon mais peuvent s'écrire différemment.

■ Les homophones différenciés par un accent

▶ Exercices 2, 3, 9, 11, 12

Homophones	Classe grammaticale	qu'on peut remplacer par	Exemples
Près	adverbe	non loin de	*La balle est passée tout près.*
Prêt	adjectif qualificatif	disposé à, préparé pour	*Je me sens prêt(e).*
Des	déterminant au pluriel	les	*On entendait les rires des gens dès qu'il apparaissait.*
Dès	préposition ou partie de la locution conjonctive dès (lors) que	dès l'instant où	
Sur	préposition	sur, au-dessus de	*Derville est sûr que Chabert dit vrai.*
Sûr/e	adjectif qualificatif	certain/e	*Sur sa vie…*

■ Les homophones en un ou plusieurs mots

▶ Exercices 1, 4 à 8, 13, 14

Homophones	Classe grammaticale	qu'on peut remplacer par	Exemples
on	pronom indéfini	il, personne	*On n'est pas sérieux quand on a dix-sept ans.* (Rimbaud)
on n'	+ adverbe de négation	il n', personne n'	
ont	verbe *avoir* au présent	avaient	
quand	conjonction de subordination	lorsque	*Quand il entre, personne ne le reconnait.*
quant à /aux	préposition	en ce qui concerne	*Quant à sa femme, ce n'est qu'en voyant la lettre qu'elle se trouble. Qu'en faire ?*
qu'en	préposition ou pronom	que + en / de cela	
plutôt	adverbe	de préférence	*Venez plutôt à huit heures mais pas plus tôt.*
plus tôt	locution adverbiale	avant	

Je m'exerce

⁎1 **Lis le texte suivant.**

Quand le colonel Chabert raconte son histoire, **on** ne veut pas le croire. **Dès** que Derville voit les lettres reçues des villes qu'il lui avait nommées, il comprend **qu'en** fait, il lui a dit la vérité et qu'eux **ont** menti.

a. Indique la classe grammaticale des mots en gras.

....

b. Souligne un homophone de chaque mot en gras.

Orthographe

2 **Choisis *près* ou *prêt* pour compléter ces phrases.**

1. Le repas est .... ; venez à table.
2. Ils cherchent un logement .... de leur lieu de travail.
3. Le musicien est .... ; il n'attend plus qu'un signe de la part du chef.
4. Le photographe s'est placé au plus .... des acteurs.
5. Cet élève est toujours .... à rendre service à ses camarades.

3 **Souligne le bon homophone dans les phrases suivantes.**

1. De grosses larmes tombèrent des yeux flétris du pauvre soldat et roulèrent sur/sûr ses joues ridées.
2. Néanmoins, [...] il ne put s'empêcher de dire à sa femme : - Vous étiez donc bien sur/sûre de m'emmener ici ?
3. Sur/Sûr un mot dit par Derville au brigadier, il lui fut permis d'emmener son client dans le Greffe [...].

Ibid.

4 **Complète ces phrases avec *plus tôt* ou *plutôt*.**

1. Les invités sont arrivés .... que prévu ; c'est .... étonnant de leur part.
2. Une telle affluence, voilà qui est .... inhabituel.
3. Nous pourrions partir .... mais la sécurité routière conseille .... de différer notre départ.

5 **À quelle classe grammaticale appartiennent les mots soulignés ?**

1. <u>Quand</u> il écrit *Le Cid*, Pierre Corneille a trente ans. ....
2. <u>Plus tôt</u>, il avait écrit plusieurs comédies. ....
3. La pièce remporte un énorme succès : <u>on</u> lance l'expression « beau comme le Cid ». ....
4. « <u>Dès que</u> j'ai su l'affront, j'ai prévu la vengeance ;
   Et j'ai voulu <u>dès</u> lors prévenir ce malheur. » ....

Pierre Corneille, *Le Cid*, 1636.

6 **Choisis l'orthographe qui convient en l'entourant. Justifie ta réponse.**

DON FERNAND. —

Souffre donc qu'on/ont te loue, et de cette victoire ....

Apprends-moi plus au long la véritable histoire.

DON RODRIGUE. —

Sire, vous avez su quand/qu'en ce danger pressant ....

[...] Une troupe d'amis chez mon père assemblée

Sollicita mon âme encor toute troublée…

Ibid.

7 **Lis les phrases suivantes. Relie chaque phrase au sens de l'homophone en gras.**

1. **Qu'en** penses-tu ?
2. Vous nous rejoindrez **quand** vous pourrez. • • Lorsque
3. **Quant** à moi, je n'ai plus qu'à recommencer. • • En ce qui concerne
4. C'est **quand** on s'y attend le moins que cela arrive. • • De cela
5. Ce n'est **qu'en** essayant que tu sauras si cela fonctionne. • • Que + en
6. Je ne sais plus **qu'en** penser. •

8 **Réécris ces phrases en remplaçant le sujet souligné par *on*.**

1. J'ai gagné au tirage au sort !

....

2. Les échappés n'ont plus que neuf secondes d'avance sur le peloton.

....

3. Tu as tout prévu pour ce soir ; tu n'as rien oublié ?

....

4. Nous n'avons pas compris ses explications.

....

9 **Choisis le bon homophone en barrant les propositions fausses.**

1. Quand le colonel Chabert dit qui il est, on ne/ont ne le croit pas.
2. Ont/on le prend pour un fou alors quand/quant/qu'en réalité, il dit vrai.
3. Des années plus tôt/plutôt, il a servi l'armée napoléonienne.
4. Derville comprend qu'ont/on s'est toujours trompé, que plusieurs personnes ont/on intérêt à ce que Chabert soit mort.
5. Il est alors prêt/près à l'aider.

10 **Barre et corrige en fin de ligne les trois erreurs présentes dans ces répliques.**

CHIMÈNE. –

Sire, ont pâme de joie ainsi que de tristesse :   ....

Un excès de plaisir nous rend tous languissants ;   ....

Et quant il surprend l'âme, il accable les sens.   ....

DON FERNAND. –

Tu veux quand ta faveur nous croyions l'impossible ?   ....

Chimène, ta douleur a paru trop visible.

Ibid.

11 **Complète ce tableau qui reprend des homophones que tu connais.**

	Classe grammaticale	Je peux...
a/à	*a* est .... au présent. *à* est une	le remplacer par ....
ce/se	*Ce* est un adjectif .... *Se* fait partie d'un verbe	le mettre au ....
est/et	*Est* est le verbe ou l'............... être (3ᵉ personne du singulier). *Et* est une conjonction de	le mettre à .... : *était*
ou/où	*Ou* est une conjonction de .... *Où* est un pronom ...., une conjonction de subordination, un adverbe	écrire ....
son/ sont	*Son* est un adjectif .... *Sont* est le verbe .... (3ᵉ personne du pluriel).	le mettre au ....

12 **Aide-toi du tableau de l'exercice précédent pour compléter cet extrait.**

La maison .... s'exploite la pension bourgeoise appartient .... madame Vauquer. Elle .... située dans le bas de la rue Neuve-Sainte-Geneviève, ... l'endroit .... le terrain s'abaisse vers la rue de l'Arbalète par une pente si brusque .... si rude que les chevaux la montent .... la descendent rarement. Cette circonstance .... favorable au silence […].

Honoré de Balzac, *Le Père Goriot*, 1835.

Orthographe

13 Barre les homophones qui ne conviennent pas dans les vers suivants.

1. On/On n'entend que des cris, ont/on ne voit que des larmes.

2. Ma fille, ces transports on/ont trop de violence.
   Quand/quant ont/on rend la justice, on/ont met tout en balance.
   On/On n' a tué ton père, il était l'agresseur ;
   Et la même équité m'ordonne la douceur.

3. Non, Sire, il ne faut pas différer davantage :
   On/On n' est toujours trop près/prêt quand/quant on n'/on a du courage.

Pierre Corneille, *Le Cid*, 1636.

Le Cid, mise en scène Alain Ollivier, Théâtre Gérard Philippe, Saint-Denis, octobre 2007.

14 Complète ces phrases à l'aide d'homophones choisis dans la leçon.

.... qu'on aura bouclé les valises, ... sera prêts à rejoindre nos amis .... de Cahors.
Le .... sera le mieux car .... annonce .... embouteillages .... quatorze heures.
.... au jardin, ... a plus le temps de l'arroser, ... le fera .... rentrera.
Tu ne veux pas .... demander aux voisins de le faire, ils .... les clefs ? Les clefs... je les ai vues mais
.... ? Mets ton sac .... à l'arrière, ... a plus de place dans le coffre. Il n'y a .... s'y
préparant .... aurait pris moins de bagages !

15 *Réécriture*

Réécris le texte correct en retrouvant les bons homophones.

COLLADAN, lisant. – « Mont chair papa, je vous ai cris pour vous dire qu'on n'est trait qu'ont temps deux mois... j'ai eu deux la vent se ment... ont ma m'y a les tables... »

CHAMPBOURCY. – A lait table... Se son dès des tailles deux famille... lisez toux bas.

COLLADAN. – S'y jeu lit ô, ces pas pour vous, s'est pour mois.

Eugène Labiche, *La Cagnotte*, 1864.

16 *Écriture*

Rédige une courte lettre dans laquelle l'expéditeur annonce son prochain retour chez lui. Utilise au moins cinq des homophones présents dans la leçon.

41 Le vocabulaire de la peur

Je comprends les mots de la grammaire
Une personne atteinte de claustrophobie craint les endroits clos tandis qu'un agoraphobe a peur quand il se trouve dans un lieu public.

Je découvre

Dès ce moment, l'image du cruel homme au sable se peignit en moi sous un aspect ⬚horrible⬚. Quand j'entendais, le soir, le bruit qu'il faisait en montant, je frissonnais de peur et d'⬚angoisse⬚. Ma mère ne pouvait tirer de moi que ce cri balbutié entre mes sanglots : « L'homme au sable ! l'homme au sable !... »

E.T.A. Hoffmann, « L'homme au sable », *Contes fantastiques*, 1816.

a. Les mots qui appartiennent au champ lexical de la peur sont : ❑ soulignés ❑ encadrés
b. Les mots qui décrivent les réactions physiques du narrateur sont : ❑ soulignés ❑ encadrés

Je retiens

■ Les synonymes du nom « peur »   ▶ Exercices 1 à 4

- La **peur** est un **sentiment d'angoisse** que l'on ressent face à un danger, réel ou imaginé.
- Ce sentiment peut être passager ou durable ; il peut être faible, s'amplifier ensuite, parfois jusqu'à l'**épouvante**.
- Les synonymes du nom **peur** et leurs composés sont donc très nombreux : *affolement, angoisse, appréhension, crainte, effroi, épouvante, frayeur, stupéfaction, terreur, trac*…

■ Peur et degré d'intensité

Le choix d'un mot pour dire la peur dépend du degré d'intensité du sentiment éprouvé : on peut ainsi ressentir une simple **appréhension** avant une évaluation, être **inquiet** si un ami est en retard, **s'affoler** devant un problème qui semble insoluble, mais être saisi d'**effroi** devant une scène particulièrement **horrible**…

■ Sensation et manifestations physiques   ▶ Exercices 1, 2, 5

- Dans le récit fantastique, la **sensation de peur** provient de bruits, de sensations inhabituelles.
- Elle est souvent exprimée à travers les **manifestations physiques** ressenties par le narrateur : **la pâleur** (*être blanc, blême, vert de peur*), **l'agitation** (*trembler, frissonner, avoir la chair de poule*), **la paralysie** (la peur *cloue, glace, pétrifie, saisit*…).

Je m'exerce

1 Lis le texte suivant.

« Il m'est demeuré de ce jour-là une marque, une empreinte de **peur**, me comprenez-vous ? Oui, j'ai subi l'horrible épouvante, […] d'une telle façon qu'[…] une sorte de terreur constante m'est restée dans l'âme. Les bruits inattendus me font tressaillir jusqu'au cœur ; les objets que je distingue mal dans l'ombre du soir me donnent une envie folle de me sauver. J'ai peur la nuit, enfin. »

Guy de Maupassant, « Apparition », *Contes et nouvelles*, 1883.

a. Relève deux synonymes du mot *peur* présents dans le texte. ....
b. Souligne les mots qui évoquent ce qui fait peur au narrateur.

Vocabulaire

2 **a. Souligne, dans cet extrait, les mots appartenant au champ lexical de la peur.**

« La peur (et les hommes les plus hardis peuvent avoir peur), c'est quelque chose d'effroyable, une sensation atroce, […] un spasme affreux de la pensée et du cœur, dont le souvenir seul donne des frissons d'angoisse. »

Guy de Maupassant, « La peur », *Contes et nouvelles*, 1883.

b. Précise à quelle classe grammaticale ils appartiennent.

....

....

c. Lequel de ces mots est le contraire de *peureux* ? ....

d. Relève les trois noms qui évoquent une manifestation physique de la peur.

....

3 **Forme des familles de mots en complétant le tableau.**

Nom	Adjectif qualificatif	Verbe
terreur	....	....
....	craintif	....
....	....	s'affoler
....	effroyable	....
....	....	stupéfier

4 **Relie les noms synonymes de « peur » à leur définition.**

Angoisse • • Crainte vague, mal définie devant un danger envisagé

Appréhension • • Très grande inquiétude qui serre la gorge, créant un malaise physique

Épouvante • • Agitation causée par la crainte, l'incertitude

Horreur • • Peur subite et violente qui entraine un groupe à fuir en désordre

Inquiétude • • Peur très violente qui fait perdre la tête

Panique • • Impression violente causée par la vue ou la pensée d'une chose affreuse

5 **Place les verbes suivants au bon endroit ; conjugue-les au passé simple.**

Se dresser – se glacer – se nouer – parcourir – perler – trembler.

Des frissons .... son corps, la sueur .... sur son front, les cheveux .... sur sa tête, il .... de tous ses membres, son sang ...., sa gorge ....

6 *Dictée préparée*

Lis le texte suivant.

« Une telle secousse me courut dans les membres que je faillis m'abattre à la renverse ! Oh ! personne ne peut comprendre, à moins de les avoir ressenties, ces épouvantables et stupides terreurs. L'âme se fond ; on ne sent plus son cœur ; le corps entier devient mou comme une éponge, on dirait que tout l'intérieur de nous s'écroule. Je ne crois pas aux fantômes ; eh bien ! j'ai défailli sous la hideuse peur des morts, et j'ai souffert, oh ! souffert en quelques instants plus qu'en tout le reste de ma vie, dans l'angoisse irrésistible des épouvantes surnaturelles. »

Guy de Maupassant, « *Apparition* », *Contes et nouvelles*, 1883.

a. Souligne les adjectifs qualificatifs et justifie leur terminaison en encadrant le nom auquel ils se rapportent.

b. Relève la comparaison. ....

7 *Écriture*

Choisis au moins trois des propositions de l'exercice 5 que tu insèreras dans un texte évoquant une peur intense. Rédige-le sur une feuille.

42 Le vocabulaire de l'étrange et du doute

> *Je comprends les mots de la grammaire*
> Le mot *étranger* vient du mot *étrange*, lui-même construit à partir du mot *extra*, « en dehors » en latin. Est donc étrange ce qui sort de l'ordinaire, ce qui est extraordinaire.

Je découvre

Je me souvins de ce que m'avait dit mon guide, qu[e la statue] faisait baisser les yeux à ceux qui la regardaient. Cela était presque vrai, et je ne pus me défendre d'un mouvement de colère contre moi-même en me sentant un peu mal à mon aise devant cette figure de bronze.

Prosper Mérimée, *La Vénus d'Ille*, 1837.

Que ressent le narrateur face à la statue :
❑ de la colère   ❑ un malaise   ❑ de l'amour ?

Je retiens

■ Comment dire l'étrange ?   ▶ Exercices 1 à 3

- Le **vocabulaire de l'étrange** est très présent dans les œuvres du XIXe siècle, notamment dans les contes et nouvelles fantastiques.
- Dans ces récits, le narrateur, souvent le personnage principal, se heurte à un phénomène qui lui est étranger, un phénomène *étrange, inhabituel, insolite, bizarre, curieux, surprenant*…
- Le narrateur ne peut complètement expliquer les faits et il lui est, comme au lecteur, **impossible de savoir si les faits sont de l'ordre du réel ou du surnaturel**.
Ex : *Elle vit, dit-elle, son mari à genoux auprès du lit, […] entre les bras d'une espèce de géant verdâtre qui l'étreignait avec force.* (Mérimée, *La Vénus d'Ille*)

■ Comment exprimer le doute ?   ▶ Exercices 4, 5

- L'auteur utilise des procédés, appelés **modalisateurs**.

Modalisateurs
- Adverbes *(peut-être)*
- Verbes attributifs et tournures impersonnelles *(sembler)*
- Locutions pour ne pas nommer précisément les choses *(une espèce de)*
- Signes de ponctuation *(!?)*

Ex. : *Peut-être était-ce dû à l'obscurité : il lui sembla voir une espèce de torche.*

Je m'exerce

1 Lis le texte suivant.

[…] tout avait l'air endormi et tranquille.

Cependant, au bout de quelques instants, cet intérieur si calme parut se troubler, les boiseries craquaient furtivement ; la bûche enfouie sous la cendre lançait tout à coup un jet de gaz bleu, et les disques des patères semblaient des yeux de métal attentifs comme moi aux choses qui allaient se passer.

Ma vue se porta par hasard vers la table sur laquelle j'avais posé le pied de la princesse Hermonthis.

Au lieu d'être immobile comme il convient à un pied embaumé depuis quatre mille ans, il s'agitait.

Théophile Gautier, *Le Pied de momie*, 1840.

a. Résume la dernière phrase en utilisant le moins de mots possible.

b. Souligne les passages qui créent une atmosphère inquiétante.

c. Encadre les verbes attributifs qui expriment un doute.

Vocabulaire

2 **Retrouve les synonymes du mot « étrange ». Leurs lettres ont été mélangées ; seule la première est bien placée.**

Bazerri → b............................ Ciruxeu → c............................ Evagnattrax → e............................

Énnnatto → é............................ Iabehilntu → i............................

3 **Lis le texte suivant.**

> *Alphonse a passé son alliance au doigt de La Vénus, statue de bronze, le temps d'un jeu.*
>
> « Vous savez bien, mon anneau ? [...] Je ne puis l'ôter du doigt de cette diable de Vénus.
>
> – Bon ! vous n'avez pas tiré assez fort.
>
> – Si fait… Mais la Vénus… elle a serré le doigt. […] Le doigt de la Vénus est (…) reployé ; elle serre la main, m'entendez-vous ? C'est ma femme, apparemment, puisque je lui ai donné l'anneau… Elle ne veut plus le rendre. » […]
>
> Le misérable, pensai-je, est complètement ivre.
>
> « Vous êtes antiquaire, monsieur, ajouta le marié d'un ton lamentable, vous connaissez ces statues-là… il y a peut-être quelque ressort, quelque diablerie, que je ne connais point… »
>
> **Prosper Mérimée**, *La Vénus d'Ille*, 1837.

a. **Retrouve les hypothèses naturelles et logiques pour expliquer les faits.**

....

....

b. **Donne à présent les hypothèses surnaturelles.**

....

....

4 **a.** **Place, dans le tableau, ces modalisateurs traduisant l'incertitude :** paraitre – une espèce de – peut-être – sembler – une sorte de – vraisemblablement.

Verbes	Adverbes	Locutions

b. **Rédige trois phrases ; chacune contiendra un modalisateur de chaque colonne.**

....

....

....

5 **Lis le texte suivant. Souligne les éléments qui provoquent la peur, encadre ceux qui indiquent un doute chez le narrateur.**

> Michel, renfermé dans la chambre, vit arriver rapidement la nuit au milieu de ses réflexions ; il se coucha, mais il ne put dormir ; une sorte de cauchemar s'emparait de son cerveau. Le Grand Livre lui apparaissait avec des proportions fantastiques ; tantôt, il se sentait pressé entre les feuilles blanches comme les plantes desséchées d'un herbier, ou bien emprisonné dans le dos de la reliure qui l'écrasait sous ses armatures de cuivre.
>
> **Jules Verne**, *Paris au XXᵉ siècle*, 1863.

6 *Écriture*

Ton professeur d'arts plastiques t'a demandé de créer une œuvre fantastique. Celle-ci prend vie. Sur une feuille, raconte la scène, sans oublier d'utiliser des modalisateurs.

43 Le vocabulaire des sensations et des émotions

Je découvre

Moi, j'aime. J'aime tant tout ce que j'aime. Si tu savais comme j'embellis tout ce que j'aime, et quel plaisir je me donne en aimant !

Colette, *Les Vrilles de la vigne*, 1935.

a. Quel est le sentiment dominant exprimé dans ces phrases ? ....

b. Combien de fois figure le pronom à la 1re personne du singulier ? Souligne-le dans le texte.
❏ 4   ❏ 6   ❏ 8

c. De qui parle ici l'auteur ? ....

Je retiens

Pour exprimer ce que l'on ressent physiquement ou intérieurement, on utilise un vocabulaire particulier.

■ Les sensations
▶ Exercice 2

- On appelle « **sensation** » ce que l'on perçoit avec l'un des **cinq sens**. La perception peut être **visuelle** (la vue), **olfactive** (l'odorat), **auditive** (l'ouïe), **gustative** (le goût) ou encore **tactile** (le toucher).

- La sensation peut être plus ou moins précise et durable. Elle s'exprime par des **verbes de perception** (*voir, sentir, entendre, gouter, toucher*).

■ Les émotions et les sentiments
▶ Exercices 3, 4, 5

- Ce que nous ressentons intérieurement se traduit par des **émotions** (*la joie, la peur, l'étonnement, le chagrin, l'excitation…*) et des **sentiments** (*le bonheur, la sérénité, le malheur, l'inquiétude, la tristesse, la honte…*).

- Les **émotions** sont passagères et peuvent se manifester par des **attitudes physiques** : elles sont liées à un évènement.
Ex. : *La peur peut se manifester par des tremblements, des sueurs, des frissons.*

- Elles peuvent être décrites par un nom, un adjectif, un verbe.
Ex : *la stupéfaction – stupéfait – stupéfier*
De nombreuses expressions permettent d'exprimer des émotions.
Ex : *prendre ses jambes à son cou, devenir blanc comme un linge.*

- Un **sentiment** est un **état affectif durable**. Il est éprouvé par une personne, parfois vis-à-vis d'une autre. Il peut être associé à une valeur morale.
Ex. : *Il aime ses enfants d'un amour sincère et tendre.*
Elle déteste l'injustice et la discrimination.
J'aime la nature.

Je m'exerce

1 Lis la phrase suivante.

Un frisson me saisit soudain, non pas un frisson *de froid*, mais un étrange frisson d'<u>angoisse</u>.

Guy de Maupassant, *Le Horla*, 1887.

a. L'élément souligné exprime : ❏ une sensation ❏ une émotion
b. L'élément en italique exprime : ❏ une sensation ❏ une émotion

Vocabulaire

2. Lis le texte suivant.

Nous fûmes bientôt au bord du marais, et nous nous engageâmes dans une des allées de roseaux secs qui s'avançaient à travers cette forêt basse.

Nos coudes, frôlant les longues feuilles en rubans, laissaient derrière nous un léger bruit ; et je me sentis saisi, comme je ne l'avais jamais été, par l'émotion puissante et singulière que font naître en moi les marécages.

Ibid.

a. Quels sens sont sollicités dans cet extrait ? Justifie ta réponse en citant le texte.

....

....

b. Le narrateur exprime : ❏ un sentiment   ❏ une sensation

3. Complète le tableau suivant en retrouvant les mots de la même famille.

Nom commun	Adjectif qualificatif	Verbe
La haine		
	Aimable, aimant(e)	
		Tourmenter
L'indignation		
	Surpris(e)	
		Dédaigner

4. Complète ces expressions

1. Rire aux ....
2. .... dans le bonheur.
3. Être .... de rage.
4. Avoir .... de poule.
5. Trembler comme ....
6. Avoir le cœur qui ....
7. Avoir .... qui se glace dans les veines.
8. .... comme un poisson dans l'eau.

5. Lis l'extrait suivant.

Rien n'est plus troublant, plus inquiétant, plus effrayant, parfois, qu'un marécage. Pourquoi **cette peur** qui plane sur ces plaines basses couvertes d'eau ?

Ibid.

a. Relève, dans la première phrase, trois mots qui indiquent une émotion reprise par le mot en gras. Que remarques-tu ?

....

b. Pour chacun de ces mots, donne le verbe et le nom commun de la même famille.

....

6. *Écriture*

**Imagine la suite de ce texte où tu décriras les sensations du narrateur.
Utilise le maximum d'expressions pour décrire son état physique.**

Dès les premiers pas dehors, je me sentis glacé jusqu'aux os. C'était une de ces nuits où la terre semble morte de froid.

Ibid.

....

....

....

44 Le vocabulaire des sentiments

Je découvre

Victor Hugo exprime son chagrin après la noyade accidentelle de sa fille Léopoldine.

Oh ! Je fus comme fou dans le premier moment,
Hélas ! Et je pleurai trois jours amèrement. […]
Est-ce que Dieu permet de ces malheurs sans nom
Qui font que dans le cœur le désespoir se lève ? –
Il me semblait que tout n'était qu'un affreux rêve, […]

Victor Hugo, « Oh ! Je fus comme fou… », *Les Contemplations*, 1856.

a. Quel est le sentiment exprimé ?
....

b. Relève au moins trois mots appartenant au champ lexical de ce sentiment.
....
....

Je retiens

Un sentiment est un état affectif inscrit dans la durée. Il est éprouvé par une personne, parfois vis-à-vis d'une autre. Il est le reflet d'un état moral et se trouve lié à un contexte.

■ Des sentiments personnels   ▶ Exercices 2, 3

- Les sentiments que chacun ressent peuvent aller du **bonheur** au **malheur**, de la **félicité** au **désespoir** en passant par la *jalousie*, la *haine*, le *regret*, la *peine*, l'*ennui* ou encore la *gaieté*.
- Le radical *-heur-* signifie le destin. Le bonheur et le malheur désignent donc un **destin favorable** ou **défavorable** ainsi que les sentiments ressentis face à ce destin (*l'abattement, le découragement, la sérénité*).
  Ex. : *Est-ce que Dieu permet de ces malheurs sans nom […] ?* (Ibid.)
- Certains sentiments sont liés à un retour vers le passé ou à une projection vers l'avenir.
  Ex. : *Il regrette le temps où ils étaient ensemble.*
- Les sentiments que chacun ressent vis-à-vis d'autrui peuvent aller de l'**amour** à la **haine** : *respect, sympathie, amitié, empathie, tendresse, jalousie, indifférence, colère, rage*.
  Ex. : *Ils s'aimaient d'amour tendre.*

■ Tournures de phrases et figures de style

- Les sentiments peuvent être exprimés par leurs **manifestations** (sensations, actions, paroles), ou mis en valeur par une **comparaison** ou une **métaphore** (*trembler comme une feuille, pleurer comme une madeleine, être excité comme une puce…*).
  Ex. : *Je fus comme fou […]*   ▶ Exercice 4

Je m'exerce

1. Lis l'extrait suivant.

Ô mes lettres d'amour, de vertu, de jeunesse,
C'est donc vous ! Je m'enivre encore à votre ivresse ;
    Je vous lis à genoux.
Souffrez que pour un jour je reprenne votre âge !
Laissez-moi me cacher, moi, l'heureux et le sage,
    Pour pleurer avec vous !

Victor Hugo, « Ô mes lettres d'amour… », *Les Feuilles d'automne*, 1831.

a. Quel mot est construit avec le radical « heur » ? ....
b. Relève des mots qui évoquent le temps : ....
c. Quel sentiment domine cet extrait ? ❏ le bonheur ❏ l'amour ❏ la mélancolie

Vocabulaire

2. Classe ces sentiments dans le tableau. Aide-toi du dictionnaire si nécessaire.

Félicité – joie – tristesse – gaieté – lassitude – chagrin – euphorie – contentement – contrariété – extase – jubilation – exultation – abattement – ravissement – béatitude – déception – désespoir – accablement – dépit.

bonheur	malheur

3. Lis l'extrait suivant.

Mme de Sévigné écrit à sa fille dont elle est séparée.

[...] Je vous vois, vous m'êtes présente ; je pense et repense à tout ; ma tête et mon esprit se creusent : mais j'ai beau tourner, j'ai beau chercher ; cette chère enfant que j'aime avec tant de passion est à deux cent lieues de moi ; je ne l'ai plus. Sur cela je pleure sans pouvoir m'en empêcher [...]

Mme de Sévigné, *Correspondance*, 1675.

a. Les éléments soulignés expriment un sentiment : ❏ personnel ❏ interpersonnel

b. Quels mots expriment le souvenir ?

....

c. Recopie la phrase qui exprime le chagrin.

....

4. Lis l'extrait suivant.

Mon cœur, *comme un oiseau*, voltigeait tout joyeux
Et planait librement à l'entour des cordages ;
Le navire roulait sous un ciel sans nuages,
Comme un ange enivré d'un soleil radieux. [...]

Charles Baudelaire, « Un voyage à Cythère », *Les Fleurs du mal*, 1857.

a. Comment se nomme la figure de style en italique ? ....

b. Relève dans le texte un autre exemple de cette figure de style.

....

c. Cherche dans un dictionnaire le mot « radieux » et recopie son sens propre et son sens figuré.

....
....

5. *Écriture*

a. Avec tes camarades, cherche dans un dictionnaire le sens des mots suivants. Puis, sur une feuille, établis ta fiche de vocabulaire : « Pour exprimer des sentiments ». Pour chaque mot, tu prendras soin d'inventer une phrase qui en illustre le sens.

Félicité – joie – mélancolie – gaieté – lassitude – chagrin – euphorie – contentement – contrariété – extase – jubilation – exultation – abattement – ravissement – béatitude – déception – désespoir – accablement – dépit.

b. Sur une feuille, imagine un court texte pour répondre à la question que Victor Hugo pose dans l'un de ses poèmes : « Où est donc le bonheur ? ». Tu pourras exprimer un sentiment heureux ou malheureux.

45 Les verbes de parole

Je découvre

L'homme demanda :
– Avez-vous une place ?
– Une seule, à côté de moi, sur le siège, dit le cocher.

Victor Hugo, *Les Misérables*, 1862.

a. Il s'agit d'un extrait de :   ❏ dialogue   ❏ théâtre
b. Quels verbes précisent que les personnages parlent ?
....

Je retiens

On appelle « verbes de parole » les verbes qui permettent d'introduire des paroles dans un texte au discours direct ou au discours indirect.

■ La place du verbe de parole
▶ Exercice 2

Il peut se placer :
– avant les paroles ;
Ex. : *Il demanda : - Avez-vous une place ?*
– au milieu des paroles. On dit alors qu'il est **en incise** ;
Ex. : *– Avez-vous, **demanda-t-il**, une place pour moi ?*
Remarque : L'élément placé après le verbe en incise est mis en valeur.
– après les paroles, notamment quand il s'agit de questions.
Ex. : *– Avez-vous une place pour moi ? **demanda-t-il**.*

■ Le choix du verbe de parole

- Ce verbe apporte des informations sur **l'intonation** du locuteur mais également sur ses **intentions**.

- Le verbe de parole le plus fréquent est le verbe *dire*. Pour éviter les répétitions, il convient d'utiliser des verbes variés, tout en respectant intonation et intention.

Paroles prononcées à voix basse	Paroles prononcées à voix haute et forte	Pour poser une question	Pour répondre
chuchoter	vociférer	interroger	répondre
susurrer	crier	demander	rétorquer
murmurer	hurler	questionner	

- Chaque verbe apporte sa nuance.
  Ex. : **rétorquer** suggère que l'on répond avec agressivité.
▶ Exercice 3

- Des nuances peuvent également être apportées par des éléments accompagnant le verbe de parole : *à voix basse, doucement, avec agressivité, sans s'interrompre...*.
▶ Exercice 4

Je m'exerce

⁎1 Lis l'extrait suivant.

Un maigre filet d'eau coula du robinet et remplit le verre à moitié. – Tiens, dit-elle, il n'y a plus d'eau ! puis elle eut un moment de silence.

Ibid.

a. Souligne le verbe introducteur de parole.
b. Le verbe de parole se trouve :   ❏ avant   ❏ après la parole   ❏ en incise
c. Par quel verbe peux-tu le remplacer :   ❏ se demander   ❏ s'étonner

Vocabulaire

2 **a.** Associe les verbes deux par deux selon qu'ils ont à peu près le même sens.
Balbutier – nier – marmonner – affirmer – bafouiller – acquiescer – s'écrier – prétendre – approuver – grommeler - s'exclamer – bredouiller – admettre – grogner – soutenir – protester -

....

....

b. Choisis trois verbes ci-dessus et rédige une phrase de parole.

....

....

....

3 Lis l'extrait suivant.

Envoyée chercher de l'eau, Cosette rencontre un homme, Jean Valjean.

L'homme lui adressa la parole. Il parlait d'une voix grave et presque basse.

— Mon enfant, c'est bien lourd pour vous ce que vous portez là.

Cosette leva la tête et répondit :

— Oui, monsieur.

— Donnez, reprit l'homme, je vais vous le porter.

Cosette lâcha le seau. [...]

L'homme resta *un moment sans parler*, puis il dit brusquement :

— Tu n'as donc pas de mère ?

— Je ne sais pas, répondit l'enfant.

Avant que l'homme eût le temps de reprendre la parole, elle ajouta :

— Je ne crois pas. Les autres en ont. Moi, je n'en ai pas.

Et après un silence, elle reprit :

— Je crois que je n'en ai jamais eu.

Ibid.

a. Quel personnage entame le dialogue ? Justifie ta réponse.

....

b. Relève un verbe de parole synonyme de « ajouta » : ....

c. Relève deux expressions qui précisent l'intonation des paroles prononcées.

....

d. Quel est le point commun des éléments en italique ?

....

4 *Écriture*

Alors que tu te promènes, tu rencontres un enfant qui a perdu son chiot. Sur une feuille, écris le dialogue de cette rencontre en variant le plus possible les verbes de parole.

46 Le vocabulaire de la poésie : le rythme

Je comprends les mots de la grammaire — Au Moyen Âge, Alexandre de Bernay raconte les exploits d'Alexandre le Grand dans le « Roman d'Alexandre », une œuvre en vers de douze syllabes : les premiers alexandrins.

Ce que je sais déjà

Si ce n'est pas ta mère, ô pâle jeune fille !
Quelle est donc cette femme assise à ton chevet,
Qui regarde l'horloge et l'âtre qui pétille,
En secouant la tête et d'un air inquiet ?

Alfred de Musset, « Rolla », *Poésies nouvelles*, 1857.

a. Combien de vers composent l'extrait ?
  ❏ 2   ❏ 4   ❏ 12
b. Tous contiennent le même nombre de syllabes :
  ❏ vrai   ❏ faux

Je retiens

■ Le mètre
▶ Exercices 1, 2, 3

- La poésie est généralement composée en **vers**. Plusieurs vers forment **une strophe** : un quatrain (4 vers), un tercet (3 vers), un distique (2 vers)…
- Les vers les plus utilisés dans la poésie française sont l'**alexandrin** (12 syllabes), le **décasyllabe** (10 syllabes) et l'**octosyllabe** (8 syllabes).
- Le **-e muet** à la fin d'un mot ne se prononce pas s'il est suivi d'une voyelle. Il ne compte jamais en fin de vers.
  Ex. : *Qui/ re/gar/de/ l'hor/lo/g(e) et/ l'â/tre /qui/ pé/till(e),*
- Le **-i-** peut se lire parfois comme une syllabe à lui tout seul : c'est une **diérèse**.
  Ex. : *inquiet* peut se prononcer in/quiet (2 syllabes) ou in/qui/et (3 syllabes)

■ Le rythme
▶ Exercice 4

- Le poète peut créer un rythme régulier :
  – en utilisant des vers de même longueur ;
  – en marquant une **pause** au milieu de chaque vers : la **césure**. Elle sépare le vers en deux **hémistiches** (demi-vers).
  Ex. : *Si ce n'est pas ta mère,* (6)// *ô pâle jeune fille !*(6)
- Pour varier le rythme, le poète peut déplacer des mots au vers suivant.
  On dit alors qu'il y a **enjambement**, ou **rejet** s'il est limité à un ou deux mots.

Je m'exerce

1 Lis cet extrait à voix haute. Recopie-le en reconstituant les quatre vers.

Qui donc es-tu, toi que dans cette vie je vois toujours sur mon chemin ? Je ne puis croire, à ta mélancolie, que tu sois mon mauvais Destin.

Alfred de Musset, « La Nuit de Décembre », 1835.

....
....
....
....

2 a. Voici la suite du poème. Sépare les syllabes par une barre.

Ton doux sourire a trop de patience,
Tes larmes ont trop de pitié.

b. Indique en fin de ligne le mètre de chaque vers.

Vocabulaire

3 Lis le poème suivant.

Vous savez être en moi comme devant mes yeux,

Tant vous avez le cœur offert, mélodieux,

Et je vous entends battre à mes tempes secrètes

Lorsque vous vous coulez en moi pour disparaître.

Jules Supervielle, *Oublieuse mémoire*, 1949 © Éditions Gallimard.

a. Cette strophe est : ❑ un tercet ❑ un quatrain

b. Souligne les quatre « e » muets. Déduis-en le nombre de syllabes par vers.

....

c. Lis la strophe à voix haute. Quel mot dois-tu prononcer en quatre syllabes ?

....

4 Lis le poème suivant.

....

Ô lac ! rochers muets ! grottes ! forêt obscure !

Vous que le temps épargne ou qu'il peut rajeunir,

Gardez de cette nuit, gardez, belle nature,

    Au moins le souvenir !

Alphonse de Lamartine, « Le Lac », 1820.

a. Indique par un chiffre le nombre de syllabes de chaque phrase, au-dessus du vers 1. Que remarques-tu ? ....

....

b. Marque d'un trait la césure du vers 3. Que remarques-tu ?

....

c. Souligne un enjambement.

5 *Réécriture*

Réécris ces phrases en formant des vers de six syllabes.

1. J'ai faim. ....

2. J'ai sommeil. ....

3. Dépêche-toi ! ....

4. À bientôt ! ....

6 *Écriture*

Rédige deux alexandrins à la suite de ceux-ci, pour former un quatrain à rimes croisées.

Silence ! quelqu'un frappe, – et, sur les dalles sombres

Un pas retentissant fait tressaillir la nuit.

Alfred de Musset, « Rolla », 1833.

....

....

47 Le vocabulaire de la poésie : les sonorités

Ce que je sais déjà

Ici, gronde le fleuve aux vagues *écumantes*,
Il serpente, et s'enfonce en un lointain obscur ;
Là, le lac immobile étend ses eaux dormantes
Où l'étoile du soir se lève dans l'azur.

Alphonse de Lamartine, « L'Isolement », *Méditations poétiques*, 1820.

a. Combien de mots de la strophe se terminent par le même son que le mot en italique ?
❏ 1 ❏ 2 ❏ 3

b. Le mot souligné rime avec :
❏ écumantes ❏ obscur ❏ dormantes

Je retiens

Pour rendre son texte plus expressif, le poète joue à créer des effets sonores :
– en répétant certaines sonorités,
– en soulignant le lien entre la sonorité des mots et le sens du mot lui-même.

■ La rime et le refrain
▶ Exercices 1 à 3, 6

- La rime est la répétition d'une ou plusieurs sonorités identiques, en fin de vers.
  Observer la **disposition** des rimes dans la poésie classique permet de distinguer :
  – les rimes **suivies (ou plates)** : AABB,
  – les rimes **embrassées** : ABBA,
  – les rimes **croisées** : ABAB.
  Ex. : é*cumantes* A / ob*scur* B / dor*mantes* A / a*zur* B

- Quand les rimes se terminent par un **e muet**, on les appelle rimes **féminines**.
  Dans les autres cas, on les appelle rimes **masculines**.

- Dans les chansons, et dans certains types de poèmes (les rondeaux, les ballades), ce sont plusieurs mots, plusieurs vers qui sont répétés à la fin de chaque couplet, et l'on parle alors de **refrain**.

■ L'allitération et l'assonance
▶ Exercices 4, 5

- Une **allitération** consiste à répéter un **son consonne** dans un vers, une phrase.
  Ex. : *« Pour qui sont ces serpents qui sifflent sur nos têtes ? »* (Racine, *Andromaque*)

- Une **assonance** consiste à répéter un **son voyelle**.
  Ex. : *« Il serpente, et s'enfonce en un lointain obscur ; »*

Je m'exerce

1 a. Lis la strophe suivante et complète-la avec les mots : blanches – branches – doux – vous.

Voici des fruits, des fleurs, des feuilles et des ....

Et puis voici mon cœur qui ne bat que pour ....

Ne le déchirez pas avec vos deux mains ....

Et qu'à vos yeux si beaux l'humble présent soit ....

Paul Verlaine, « Green », *Romances sans paroles*, 1874.

b. Souligne les rimes. Nomme-les. ....

2 Retrouve le quatrain à rimes embrassées, en séparant les vers par /.

J'ai perdu ma force et ma vie, et mes amis et ma gaieté ; j'ai perdu jusqu'à la fierté qui faisait croire à mon génie.

Alfred de Musset, « Tristesse », *Poésies nouvelles*, 1857.

Vocabulaire

3 **a. Voici la fin du sonnet de l'exercice 2. Replace, en fin de vers, les mots :** elle – éternelle – ignoré – monde – pleuré – réponde.

Et pourtant elle est ....,

Et ceux qui se sont passés d'............................

Ici-bas ont tout ....

Dieu parle, il faut qu'on lui ....

Le seul bien qui me reste au ....

Est d'avoir quelquefois ....

Alfred de Musset, « Tristesse », *Poésies nouvelles*, 1857.

b. Comment les rimes sont-elles disposées ? Encadre-les.

....

4 **a. Sur quelle assonance reposent ces deux extraits ? Encadre-la.**

Mon pauvre cœur est un hibou

Qu'on cloue, qu'on décloue, qu'on recloue.

Guillaume Apollinaire, *Le Bestiaire ou Cortège d'Orphée*, 1911.

Vous êtes amoureux. Loué jusqu'au mois d'août.

Vous êtes amoureux. – Vos sonnets La font rire.

Tous vos amis s'en vont, vous êtes mauvais goût.

– Puis l'adorée, un soir, a daigné vous écrire !...

Arthur Rimbaud, « Roman », *Poésies*, 1870.

b. D'après toi, quels bruits imite-t-elle dans chaque poème ?

....

....

5 **a. Lis le poème suivant. Complète les vers 1 et 3, en tenant compte du vers qui suit.**

L'aurore grelottante en robe rose et ....

S'avançait lentement sur la Seine déserte,

Et le sombre Paris, en se frottant les ....,

Empoignait ses outils, vieillard laborieux.

Charles Baudelaire, « Le Crépuscule du matin », Tableaux parisiens, *Les Fleurs du mal*, 1857.

b. Repère une assonance et une allitération.

....

6 **a. Lis cet extrait à voix haute. En t'aidant de l'alternance rimes féminines - rimes masculines, place un trait pour marquer la fin des vers.**

b. Souligne ce qui peut être considéré comme un refrain.

Il m'attend ! Je ne sais quelle mélancolie au trouble de l'amour se mêle en cet instant ; mon cœur s'est arrêté sous ma main affaiblie ; l'heure sonne au hameau ; je l'écoute... et pourtant il m'attend !

Marceline Desbordes-Valmore, « Le rendez-vous », *Romances*, 1830.

7 *Écriture*

Sur une feuille, rédige une strophe qui commence et se termine par « Elle m'attend ».

48 Le vocabulaire pour exprimer son jugement

Je découvre

Si les ouvriers souffraient la faim, la Compagnie entamait ses millions. Pourquoi serait-elle la plus forte, dans cette guerre du travail contre l'argent ?

Émile Zola, *Germinal*, 1885.

a. Souligne une proposition qui s'oppose à celle en gras.
b. Dans l'extrait, relève un mot qui indique une idée de lutte.

....

c. Le verbe « souffraient » est employé au :
❏ sens propre   ❏ sens figuré

Je retiens

Porter un jugement, émettre une critique, c'est donner son point de vue selon certains critères (la loi, la morale, les valeurs auxquelles on est attaché).

■ Les origines de la « critique » sociale   ▶ Exercices 1, 4

- Le mot *société* vient du latin *socius* qui veut dire *allié* (comme dans *associé*). Au XVIIIe siècle, les philosophes des **Lumières** (Montesquieu, Rousseau, Diderot, Voltaire) l'emploient au sens d'**ensemble organisé de personnes**.
- La critique sociale entamée avec la Révolution est poursuivie au XIXe siècle par **Victor Hugo**. Plus tard **Émile Zola** prend comme sujets de ses romans des problèmes sociaux de son époque.
  Ex. : *Les mauvaises conditions de travail des mineurs dans* Germinal.

■ Porter un jugement

- Lorsqu'on porte un jugement, on s'efforce de ne pas exprimer ses sentiments. On cherche à être **objectif**.   ▶ Exercice 2
- Cependant, lorsqu'on porte un jugement négatif, que l'on dénonce quelque chose, la critique peut s'accompagner de verbes tels que : *j'estime, je considère…*
- On peut également employer des phrases interrogatives.
  Ex. : *Pourquoi serait-elle la plus forte, dans cette guerre du travail contre l'argent ?*
- On trouve aussi des termes **évaluatifs** : **péjoratifs** (–) ou **mélioratifs** (+).
  Ex. : *Les ouvriers souffraient la faim.*   ▶ Exercice 3

Je m'exerce

1 Lis l'extrait suivant. Souligne et encadre quatre mots s'opposant deux par deux.

L'Internationale est un chant écrit pendant La Commune, révolte populaire de 1871.

L'État opprime et la loi triche ;

L'Impôt saigne le malheureux ;

Nul devoir ne s'impose au riche ;

Le droit du pauvre est un mot creux.

Eugène Pottier, « L'Internationale », 1871.

Vocabulaire

2. Lis l'extrait suivant.

> Que vous l'appeliez république ou que vous l'appeliez monarchie, le peuple souffre. Ceci est un fait.
> Le peuple a faim, le peuple a froid. La misère le pousse au crime […]
>
> **Victor Hugo**, *Claude Gueux*, 1834.

a. Quel constat est fait dans cet extrait ?

....

b. Quel mot reprend la phrase en gras ? Justifie ta réponse.
  ❏ misère ❏ crime

....

....

c. Ce terme est : ❏ péjoratif ❏ mélioratif

3. Lis l'extrait suivant.

> […] Où vont ces enfants dont pas un seul ne rit ?
> Ces doux êtres pensifs, que la fièvre maigrit ?
> Ces filles de huit ans qu'on voit cheminer seules ?
> Ils s'en vont travailler quinze heures sous les meules ;
> Ils vont de l'aube au soir, faire éternellement
> Dans la même prison le même mouvement.
> Accroupis sous les dents d'une machine sombre,
> Monstre hideux qui mâche on ne sait quoi dans l'ombre.
> Innocents dans un bagne, anges dans un enfer,
> Ils travaillent. Tout est d'airain, tout est de fer.
> Jamais on ne s'arrête et jamais on ne joue.
> Aussi quelle pâleur ! La cendre est sur leur joue. […]
>
> **Victor Hugo**, « Melancholia », *Les Contemplations*, 1856.

Enfants travaillant dans les mines de Bruay-en-Artois (Pas-de-Calais), à la fin du XIXᵉ siècle.

a. Quel type de phrase est employé dans les trois premiers vers ?

....

b. Relève quatre mots qui s'opposent deux par deux. ....

c. Que critique l'auteur dans cet extrait ?

....

4. Écriture

Sur une feuille, imagine une suite au texte suivant, dans laquelle tu exprimeras ton jugement.

> Voyez Claude Gueux. Cerveau bien fait, cœur bien fait, sans nul doute. Mais le sort le met dans une société si mal faite, qu'il finit par voler ; la société le met dans une prison si mal faite, qu'il finit par tuer. Qui est réellement coupable ?
>
> **Victor Hugo**, *Claude Gueux*, 1834.

49 Le vocabulaire abstrait

> La peinture abstraite évite les références à des éléments identifiables : contrairement à la peinture figurative, elle ne cherche pas à représenter la réalité.

Je découvre

1. Si je reprenais du gâteau, ce serait vraiment de <u>la gourmandise</u>.
2. Elle porte des bijoux en argent.
3. L'argent ne fait pas <u>le bonheur</u>.

a. Les mots soulignés désignent :
❑ des objets ❑ des notions

b. Dans quelle phrase, le mot *argent* désigne-t-il une matière ? ....

Je retiens

■ Mots concrets, mots abstraits ▶ Exercices 1 à 3

- **Les mots concrets** désignent tout ce que l'on peut **percevoir par les sens** (la vue, l'ouïe, le gout, le toucher, l'odorat) : des êtres ou des objets réels, des actions. C'est pourquoi on les trouve essentiellement dans les textes **narratifs**, **descriptifs**.
  Ex : <u>Ce bouquet</u> est magnifique et sent très bon.

- **Les mots abstraits**, à l'inverse, désignent **ce qu'on ne perçoit pas par les sens** : des qualités, des défauts, des manières d'être, des sentiments (voir leçon 44), des notions ou des idées. Le vocabulaire abstrait rassemble donc le vocabulaire de la **pensée**, le vocabulaire **moral**, le vocabulaire **philosophique**.
  Ex : « Liberté, égalité, fraternité » est la devise de la République.

- Certains mots peuvent être concrets et abstraits ; cela dépend du contexte dans lequel ils sont insérés.
  Ex. : *Des bijoux en argent. L'argent ne fait pas le bonheur.*

■ Les qualités et les défauts ▶ Exercices 4, 5

- D'une façon générale, une qualité est une caractéristique.
- Plus couramment, lorsqu'on évoque les **qualités**, on pense à ce que l'on apprécie, ce **qui fait la valeur** d'une personne ou d'une chose.
- À l'inverse, les **défauts** sont les comportements ou les tendances **que l'on condamne**.
  Ex. : *Élève sensible et fin (qualité), parfois distrait (défaut).*

Je m'exerce

1 Lis l'extrait suivant.

> Maintenant que je puis, assis au bord des ondes,
> Ému par ce superbe et tranquille horizon,
> Examiner en moi les *vérités* profondes
> Et regarder les fleurs qui sont dans le gazon ; […]
>
> Je conviens à genoux que vous seul, père auguste,
> Possédez l'infini, le réel, l'absolu […]
>
> **Victor Hugo**, « À Villequier », *Les Contemplations*, 1856.

a. Le mot encadré représente un élément naturel ; c'est un mot concret. **Soulignes-en d'autres.**

b. Le mot en italique représente une notion. **Encadres-en trois autres.**

Vocabulaire

2 **a.** Dans la liste suivante, souligne les mots concrets, entoure les mots abstraits.
âme, douce raison, enfant, grâce, joie, maison, triste

b. Replace-les au bon endroit dans le poème :

Quand on a vu, seize ans, de cet autre soi-même

Croître la .... aimable et la ....,

Lorsqu'on a reconnu que cet .... qu'on aime

Fait le jour dans notre .... et dans notre ....,

Que c'est la seule .... ici-bas qui persiste

De tout ce qu'on rêva,

Considérez que c'est une chose bien ....

De le voir qui s'en va !

Ibid.

3 **a.** Relie ces grands domaines abstraits à un métier.

Enseignement	•	•	infirmière	....
Environnement	•	•	manucure	....
Esthétique	•	•	professeur	....
Justice	•	•	jardinier	....
Médecine	•	•	greffier	....

b. Pour chaque métier, propose, en bout de ligne, deux verbes évoquant une action concrète.

4 **a.** Écris *Qual.* pour qualité, *Déf.* pour défaut à côté du mot souligné.

b. Complète les phrases par un exemple concret qui illustre le mot souligné.

1. On le trouve affable ....

2. Elle s'est montrée patiente ....

3. On le dit jaloux ....

5 **a.** Lis ces mots puis donne un titre à chaque colonne.

b. Relie chaque adjectif de la colonne de gauche à son antonyme dans la colonne de droite.

....

altruiste	•	•	avare	....
franc	•	•	égoïste	....
généreux	•	•	hypocrite	....
honnête	•	•	prétentieux	....
humble	•	•	malhonnête	....

c. Écris en fin de ligne les noms issus de chacun des adjectifs.

6 *Écriture*

a. Pour chaque verbe, rédige une phrase où il aura un sens concret puis une deuxième où il aura un sens abstrait : plonger, avancer

Ex. : *Le bateau aborda l'île à midi. Nous n'aborderons pas cette question aujourd'hui.*

....

....

b. Choisis l'un des métiers de l'exercice 3. Sur une feuille, expose, par des exemples concrets, les qualités qu'il nécessite.

50 Les figures de la comparaison et l'hyperbole

Je découvre

J'errais comme un nuage solitaire
Qui flotte au loin sur les monts et les prés.

William Wordsworth, « Les Narcisses », *Choix de poésies*, 1807, trad. E. Louis.

a. Quel sentiment ressent le poète ?
  ❏ Le bonheur   ❏ l'ennui   ❏ la solitude
b. À quoi se compare-t-il ?
....
....

Je retiens

Un auteur peut utiliser des **procédés d'écriture** pour rendre son texte plus expressif, plus original ; c'est ce qu'on appelle les **figures de style**.

■ La comparaison   ▶ Exercices 2, 3

- La **comparaison** rapproche deux éléments : le **comparé** (ce que l'on compare) et le **comparant** (ce à quoi on compare), en soulignant **leur(s) point(s) commun(s)**.
- Le comparant est introduit par un **mot-outil**.
  Ex. : J'   errais   comme   un nuage solitaire.
       comparé point commun mot-outil comparant
- La comparaison peut aussi être exprimée par un **verbe** ou un groupe verbal (*ressembler, être semblable/pareil à*), un **adjectif** (*tel, pareil*), ou un **adverbe** (*pareillement*).

■ La métaphore   ▶ Exercices 3, 4

- La **métaphore** rapproche également deux éléments qui ont un point commun.
- Le rapprochement est implicite car **il n'y a pas de mot-outil** : c'est au lecteur de retrouver la relation que l'auteur a établie.
  Ex. : *Nuage solitaire* (comparant), *j'errais dans la nuit* (comparé).

■ L'hyperbole   ▶ Exercice 5

- L'**hyperbole** consiste à **insister sur une idée** au moyen d'une **expression exagérée**.
- Elle est souvent associée à une image pour la mettre en relief.
  Ex. : Emphatique : « Aucun vent ne peut, nez magistral, / T'enrhumer tout entier, excepté le mistral ! » (Rostand)

Je m'exerce

1 Lis la phrase suivante.

Cet homme était un lion : quand il rentrait dans la pièce, tout le monde s'inclinait.

Quelle est la figure de style employée dans cet extrait ?

❏ Une comparaison   ❏ une métaphore   ❏ une hyperbole

2 Lis l'extrait du poème suivant.

Dans le frais clair-obscur du soir charmant qui tombe,

L'une pareille au cygne et l'autre à la colombe,

Belles, et toutes deux joyeuses, ô douceur !

Victor Hugo, « Mes deux filles », *Les Contemplations*, 1856.

Quelle est la figure de style employée dans cet extrait ?

....

Vocabulaire

3. Lis l'extrait suivant.

> Chaque fleur s'évapore ainsi qu'un encensoir ;
> Le violon frémit comme un cœur qu'on afflige ;
> Valse mélancolique et langoureux vertige !
> Le ciel est triste et beau comme un grand reposoir.
>
> **Charles Baudelaire**, « Harmonie du soir », *Les Fleurs du mal*, 1857.

a. Relève deux comparaisons construites à l'aide de deux mots-outils différents.

....

....

b. Remplace la comparaison soulignée par une métaphore.

....

4. Lis l'extrait suivant.

> Madame, sous vos pieds, dans l'ombre, un homme est là
> Qui vous aime, perdu dans la nuit qui le voile
> Qui souffre, ver de terre amoureux d'une étoile
> Qui pour vous donnera son âme, s'il le faut
> Et qui se meurt en bas quand vous brillez en haut.
>
> **Victor Hugo**, *Ruy Blas*, Acte 2, scène 2, 1838.

a. Relève une hyperbole renvoyant à l'homme : .... ; à la femme : ....

b. Quel sentiment se dégage de ce poème ?

....

....

5. *Oral*

Lis cet extrait en mettant en valeur les nombreuses hyperboles qui y sont développées. Tu peux aussi l'apprendre par cœur et le réciter en n'oubliant pas de mettre l'intonation qui convient.

> LE VICOMTE. – Vous… vous avez un nez… heu… un nez… très grand. […]
>
> CYRANO. – Ah ! non ! c'est un peu court, jeune homme !
> On pouvait dire… Oh ! Dieu !… bien des choses en somme…
> En variant le ton, par exemple, tenez : […]
> Descriptif : « C'est un roc !… c'est un pic !… c'est un cap !
> Que dis-je, c'est un cap ?… C'est une péninsule ! »
> Curieux : « De quoi sert cette oblongue capsule ?
> D'écritoire, Monsieur, ou de boîte à ciseaux ? »
> Gracieux : « Aimez-vous à ce point les oiseaux
> Que paternellement vous vous préoccupâtes
> De tendre ce perchoir à leurs petites pattes ? » […]
>
> **Edmond Rostand**, *Cyrano de Bergerac*, 1897.

51 — Les figures d'opposition : l'antithèse et l'antiphrase

> En grec, *antinomia* signifie *contradiction*. Des opinions contraires, opposées, peuvent s'exprimer dans un débat contradictoire.

Je découvre

1. Vos framboises sont tellement peu appétissantes que je vais en prendre deux barquettes.
2. <u>Vert</u> Noël, <u>blanches</u> Pâques.
3. Autant sa démarche était <u>lourde</u>, autant son langage était <u>gracieux</u>.

a. Pourquoi l'auteur de la phrase 1 va-t-il acheter des framboises ?
....

b. Les mots soulignés sont des synonymes.
❏ vrai   ❏ faux

Je retiens

Les **antonymes** sont deux mots de même classe grammaticale et de **sens contraire**. Ils permettent de mettre en valeur des oppositions ou de s'exprimer de façon détournée.

■ L'antithèse   ▶ Exercices 1, 2

- **L'antithèse** consiste à rapprocher deux mots de sens contraire pour mettre en valeur leur opposition.
- L'antithèse peut être soulignée par la construction de la phrase :
  – en réunissant les deux termes opposés dans un même groupe de mots ; c'est un **oxymore** ;
  Ex. : *Cette <u>obscure clarté</u> qui tombe des étoiles.* (Corneille, *Le Cid*)
  – en reprenant deux fois la même structure de phrase mais en utilisant des antonymes ; c'est un **parallélisme**.
  Ex. : *Je vis, je meurs : je me brûle et me noie,* (Louise Labé)

■ L'antiphrase et la litote   ▶ Exercices 3 à 5

- **L'antiphrase** consiste à dire **le contraire** de ce qu'on veut faire comprendre. C'est une figure de **l'ironie**.
  Ex. : « *C'est du joli !* » quand quelqu'un a fait une bêtise.
- **La litote** consiste à dire **moins** que ce qu'on veut faire comprendre.
  Ex. : « *Ce n'est pas mal …* » quand quelque chose est très réussi.
- Dans les deux cas, on ne dit pas clairement les choses. Seuls le ton et le contexte permettent de comprendre ce qui est sous-entendu.

Je m'exerce

1 Lis le texte suivant.

Hugo évoque sa fille morte.

Et dire qu'elle est morte ! hélas ! que Dieu m'assiste !
Je n'étais jamais gai quand je la sentais .... ;
J'étais morne au milieu du bal le plus ....
Si j'avais, en partant, vu quelque ombre en ses yeux.

Victor Hugo, « Trois ans après », *Contemplations*, 1856.

Complète les termes manquants dans les antithèses. Aide-toi du sens, de la rime et du nombre de syllabes nécessaires.

Vocabulaire

2 **Lis l'extrait suivant.**

> <u>Hâtez-vous lentement</u>, et, sans perdre courage,
> Vingt fois sur le métier remettez votre ouvrage
> Polissez-le sans cesse et le repolissez ;
> <u>Ajoutez quelquefois, et souvent effacez.</u>
>
> **Boileau**, *L'Art poétique*, 1674.

a. L'expression soulignée est : ❑ un oxymore   ❑ un parallélisme

b. La phrase soulignée contient une antithèse.   ❑ Vrai   ❑ Faux

c. La phrase soulignée contient un parallélisme.   ❑ Vrai   ❑ Faux

3 **Coche la case pour dire si l'expression est une antiphrase ou une litote.**

expression	antiphrase	litote
Il ne fait pas chaud.		
Beau travail !		
Nous voilà dans de beaux draps !		
Il n'est pas idiot.		

4 **Complète les phrases avec les expressions suivantes pour qu'elles aient un sens d'antiphrase.**

Cet imbécile – Ce palace – Ce génie – Cet affreux chien loup – Cette bicoque – Cette mignonne petite bête.

1. .... a griffé mon canapé tout neuf.
2. .... lui a sauvé la vie.
3. .... contient une seule pièce, sale et sombre.
4. .... s'étend sur 300 m² et peut recevoir vingt personnes à dormir.
5. .... vient de mettre du gasoil au lieu d'essence dans sa voiture.
6. .... a résolu cette équation à trois inconnues en deux minutes.

5 **Indique ce que chaque expression signifie en rédigeant une phrase qui en éclairera le sens.**

Ex. : *Tu m'étonnes ! → Tu as fait cuire ce rôti trois heures et il est trop cuit :* <u>je ne suis pas très surpris !</u>

1. Bravo ! C'est réussi ! ....
2. Il ne faut pas vous gêner ! ....
3. Tu n'as pas tort. ....

6 *Écriture*

Avec un ami, vous avez convenu de vous envoyer un message codé, en écrivant le contraire de ce que vous pensez. Rédige-le sur une feuille en quelques lignes.

Je révise — Les pronoms

Lis le texte suivant.

Il y avait quelques mois que j'avais acquis cette photographie. Collée sur un morceau de contre-plaqué, elle envahissait presque tout un mur et, bien souvent, je me demandais pourquoi je ne la remplaçais pas ; je ne lui trouvais rien de bien remarquable et en général je n'appréciais guère la photo.

Jacques Sternberg, extrait de « La Photographie », *Histoires à mourir de vous*, 1991.

En t'appuyant sur les leçons 2 et 15 de ton cahier, réponds aux questions suivantes.

1 Relève un pronom impersonnel dans ce texte. Justifie ta réponse.

....

....

2 À qui renvoie le pronom « je » dans le texte ?
- ❏ à l'auteur ❏ au narrateur ❏ au narrateur-personnage

3 a. Relève un verbe qui se construit avec un pronom réfléchi.

....

b. Quelle est la fonction grammaticale du pronom ?
- ❏ COD ❏ COI

4 a. Relève les pronoms personnels mis pour « la photographie » et classe-les dans le tableau suivant

Pronom personnel sujet	Pronom personnel COD	Pronom personnel COI

b. Quels pronoms aurais-tu utilisés pour un nom masculin singulier ?

....

c. Que remarques-tu ?

....

5 *Réécriture*

Réécris ce texte en remplaçant « cette photographie » par « ces posters ».

....

....

....

....

....

....

....

Je révise — Les expansions du nom

Lis le texte suivant.

La chambre était la seule luxueuse de la maison, tendue de soie bleue, garnie de meubles laqués, blancs à filets bleus, un caprice d'enfant gâtée satisfait par les parents. Dans les blancheurs vagues du lit, sous le demi-jour <u>qui tombait dans l'écartement d'un rideau</u>, la jeune fille dormait, une joue appuyée sur son bras nu.

Émile Zola, *Germinal*, 1885.

En t'appuyant sur la leçon 5 de ton cahier, réponds aux questions suivantes.

1 Indique la classe grammaticale du mot encadré. Justifie ta réponse.
....

2 Relève les adjectifs épithètes en indiquant entre parenthèses les noms qu'ils qualifient.
....
....
....

3 Quels sont les adjectifs formés à partir d'un verbe ?
....

4 Complète le tableau suivant.

Complément du nom	Mot complété
....	....
....	....
....	....

5 a. Quelle est la classe grammaticale de la proposition soulignée ?
❏ proposition subordonnée complétive
❏ proposition subordonnée relative
❏ proposition subordonnée circonstancielle

b. Quel nom complète-t-elle ?
....
....

6 *Réécriture*

Réécris la phrase suivante en ajoutant trois expansions du nom de trois classes grammaticales différentes.

La fille s'éveilla vers huit heures.
....

119

Je révise — Les verbes transitifs, intransitifs, attributifs

Lis le texte suivant.

> Tenez, voici le vent qui [est] la plus grande force de la nature, qui renverse les hommes, abat les édifices, déracine les arbres, soulève la mer en montagne d'eau, détruit les falaises et jette aux brisants les grands navires, le vent qui tue, qui siffle, qui gémit, qui mugit, l'avez-vous vu et pouvez-vous le voir : il existe pourtant !
>
> **Guy de Maupassant**, *Le Horla*, 1887.

En t'appuyant sur les leçons 7 et 8 de ton cahier, réponds aux questions suivantes.

1 Le verbe encadré est :
❏ attributif   ❏ transitif

Justifie ta réponse.
....

2 a. Relève le COD des verbes suivants.

renverse ....
abat ....
déracine ....
soulève ....
détruit ....
jette ....

b. Parmi les verbes ci-dessus, lequel est construit avec deux compléments ?
....

3 Quelle est la classe grammaticale des COD dans les propositions soulignées ?
....

4 Comment nomme-t-on un verbe construit avec un complément d'objet direct ?
....

5 a. Classe les verbes construits sans complément dans le tableau suivant.

Verbe intransitif	Verbes transitifs sans COD dans le texte
....	....

b. Utilise chaque verbe transitif sans COD de la question précédente dans une phrase avec un COD.
....
....

Je révise : Analyser un verbe

Lis le texte suivant.

Au bout de quelques minutes, il s'élança convulsivement vers la pièce d'argent, la saisit et, se redressant, se mit à regarder au loin dans la plaine, jetant à la fois ses yeux vers tous les points de l'horizon, debout et frissonnant comme une bête fauve effarée qui cherche un asile. Il ne vit rien. La nuit tombait, la plaine était froide et vague, […].

Victor Hugo, Les Misérables, livre II, chap. XIII, 1862.

En t'appuyant sur les leçons 21, 24 et 26 de ton cahier, réponds aux questions suivantes.

1 **a.** Quels sont les deux temps du passé employés dans ce texte ?

....

b. Lequel permet d'exprimer des actions de premier plan ?

....

2 Classe les verbes conjugués au passé simple dans le tableau en indiquant entre parenthèses leur infinitif.

1er groupe	2e groupe	3e groupe

3 À quelle forme est le verbe encadré ? Relève dans le texte deux autres verbes à la même forme.

....
....

4 Relève un participe passé utilisé comme un adjectif.

....
....

5 **a.** Analyse le verbe souligné :

voix : ❏ active   ❏ passive
mode : ....
temps : ....

b. Quelle est sa valeur d'emploi ?

....

6 Dans ce texte, le verbe *être* est-il employé comme auxiliaire ? Justifie ta réponse.

....

7 *Réécriture*

Réécris le texte au présent de l'indicatif.

....
....
....
....

Je révise
Connaitre le vocabulaire de la poésie

Lis le texte suivant.

> Je suis comme le roi d'un pays pluvieux,
> Riche, mais impuissant, jeune et pourtant très vieux,
> Qui, de ses précepteurs méprisant les courbettes,
> S'ennuie avec ses chiens comme avec d'autres bêtes.
> Rien ne peut l'égayer, ni gibier, ni faucon,
> Ni son peuple mourant en face du balcon.
> **Du bouffon favori la grotesque ballade**
> Ne distrait plus le front de ce cruel malade […]

Charles Baudelaire, *Les Fleurs du mal*, « LXXVII Spleen », 1857.

En t'appuyant sur les leçons 46 et 47 de ton cahier, réponds aux questions suivantes.

1 Quel type de vers est employé dans ce début de poème ? Justifie ta réponse.
....

2 Quelle est la disposition de rimes employée ?
❏ rimes suivies   ❏ rimes embrassées   ❏ rimes croisées

3 Quelle est la figure de style utilisée dans le premier vers ?
....

4 Relève les mots du texte qui forment des antithèses avec :
riche : ....
vieux : ....
s'ennuie : ....

5 Sur quelles allitérations reposent les trois premiers vers ?
....
....

6 Quel est le complément du GN en gras ? Justifie sa position dans le vers.
....
....

7 Souligne toutes les marques de négation.

8 Quel est le sentiment dominant de ce poème ?
....

Je révise — Comprendre un texte

Lis le texte suivant.

> Maître Jacques. – On vous a pris de l'argent ?
> Harpagon. – Oui, coquin ; et je m'en vais te pendre, si tu ne me le rends.
> Le commissaire. – Mon Dieu ! Ne le maltraitez point. Je vois à sa mine qu'il est honnête homme, et que sans se faire mettre en prison, il vous découvrira ce que vous voulez savoir. Oui, mon ami, si vous nous confessez la chose, il ne vous sera fait aucun mal […]
>
> **Molière**, *L'Avare*, acte V, scène 2, 1668.

En t'appuyant sur les leçons 6, 10, 15 et 19 de ton cahier, réponds aux questions suivantes.

1 Combien de personnages sont présents dans cet extrait ?
....

2 À qui renvoie le pronom « on » ? Justifie ta réponse.
....
....

3 Indique sous chaque pronom en gras à quel personnage il renvoie :

1. Je m'en vais **te** pendre
2. Ne **le** maltraitez point
3. **Il vous** découvrira
4. Si **vous nous** confessez la chose

....

4 Relève les reprises nominales mises pour « Maître Jacques ».
....

5 Complète le tableau suivant.

Type de phrase	Mon exemple du texte	Verbe introducteur de parole
Phrase interrogative	....	....
....	Ne le maltraitez point	....
....	....	Déclarer – dire

6 À qui s'adresse le commissaire au début de sa réplique ? À la fin ?
....
....

7 Réécris la réplique du commissaire au discours indirect en mettant en évidence le changement d'interlocuteur.
....
....
....

123

Je révise — Les accords

Lis le texte suivant.

Mon maintien à Clochegourde, l'avenir de ma vie, **dépendaient** de cette volonté fantasque. Je ne **saurais** vous exprimer quelles angoisses pressaient mon âme, alors aussi facile à s'épanouir qu'à se contracter, quand en entrant, je me disais : Comment **va**-t-il me recevoir ? Quelle anxiété de cœur me brisait alors que tout à coup un orage s'amassait sur ce front neigeux !

Honoré de Balzac, *Le Lys dans la vallée*, 1836.

En t'appuyant sur les leçons 32, 34, 35 et 38 de ton cahier, réponds aux questions suivantes.

1 Souligne le sujet de chaque verbe encadré. Lequel a une place particulière ? Justifie ta réponse.

....

2 Réécris « Je ne saurais vous exprimer quelles angoisses pressaient mon âme. », en remplaçant « je » par « nous ».

....

3 a. Réécris la première phrase :

– au passé composé.

....
....

– au passé composé et en remplaçant « dépendre de » par « être soumis à ».

....
....

b. Réécris les phrases précédentes, en les commençant par « La suite de ma vie… ».

....
....

4 Justifie la terminaison de « quelles » et « quelle » dans l'extrait.

....
....

5 Réécris la dernière phrase en remplaçant « Quelle anxiété de cœur » par « Quels tourments » et « ce front » par « cette figure ».

....
....

6 *Écriture*

Complète cette phrase par des adjectifs qualificatifs.

Je ne saurais vous exprimer quelles angoisses .... pressaient mon âme ...., quelle .... anxiété me brisait alors que tout à coup un orage .... s'amassait sur ce front ....

Tableaux de conjugaison

ÊTRE

■ INDICATIF

Présent	Passé composé
je suis	j'ai été
tu es	tu as été
il (elle) est	il (elle) a été
nous sommes	nous avons été
vous êtes	vous avez été
ils (elles) sont	ils (elles) ont été

Imparfait	Plus-que-parfait
j'étais	j'avais été
tu étais	tu avais été
il (elle) était	il (elle) avait été
nous étions	nous avions été
vous étiez	vous aviez été
ils (elles) étaient	ils (elles) avaient été

Passé simple	Passé antérieur
je fus	j'eus été
tu fus	tu eus été
il (elle) fut	il (elle) eut été
nous fûmes	nous eûmes été
vous fûtes	vous eûtes été
ils (elles) furent	ils (elles) eurent été

Futur simple	Futur antérieur
je serai	j'aurai été
tu seras	tu auras été
il (elle) sera	il (elle) aura été
nous serons	nous aurons été
vous serez	vous aurez été
ils (elles) seront	ils (elles) auront été

Conditionnel présent	■ IMPÉRATIF
	Présent
je serais	
tu serais	sois
il (elle) serait	
nous serions	soyons
vous seriez	soyez
ils (elles) seraient	

■ PARTICIPE / ■ INFINITIF

Participe Présent	Infinitif Présent
étant	être
Passé	**Passé**
(ayant) été	avoir été

AVOIR

■ INDICATIF

Présent	Passé composé
j'ai	j'ai eu
tu as	tu as eu
il (elle) a	il (elle) a eu
nous avons	nous avons eu
vous avez	vous avez eu
ils (elles) ont	ils (elles) ont eu

Imparfait	Plus-que-parfait
j'avais	j'avais eu
tu avais	tu avais eu
il (elle) avait	il (elle) avait eu
nous avions	nous avions eu
vous aviez	vous aviez eu
ils (elles) avaient	ils (elles) avaient eu

Passé simple	Passé antérieur
j'eus	j'eus eu
tu eus	tu eus eu
il (elle) eut	il (elle) eut eu
nous eûmes	nous eûmes eu
vous eûtes	vous eûtes eu
ils (elles) eurent	ils (elles) eurent eu

Futur simple	Futur antérieur
j'aurai	j'aurai eu
tu auras	tu auras eu
il (elle) aura	il (elle) aura eu
nous aurons	nous aurons eu
vous aurez	vous aurez eu
ils (elles) auront	ils (elles) auront eu

Conditionnel présent	■ IMPÉRATIF
	Présent
j'aurais	
tu aurais	aie
il (elle) aurait	
nous aurions	ayons
vous auriez	ayez
ils (elles) auraient	

■ PARTICIPE / ■ INFINITIF

Participe Présent	Infinitif Présent
ayant	avoir
Passé	**Passé**
(ayant) eu	avoir eu

AIMER · actif (1ᵉʳ groupe)

■ INDICATIF

Présent	Passé composé
j'aime	j'ai aimé
tu aimes	tu as aimé
il (elle) aime	il (elle) a aimé
nous aimons	nous avons aimé
vous aimez	vous avez aimé
ils (elles) aiment	ils (elles) ont aimé

Imparfait	Plus-que-parfait
j'aimais	j'avais aimé
tu aimais	tu avais aimé
il (elle) aimait	il (elle) avait aimé
nous aimions	nous avions aimé
vous aimiez	vous aviez aimé
ils (elles) aimaient	ils (elles) avaient aimé

Passé simple	Passé antérieur
j'aimai	j'eus aimé
tu aimas	tu eus aimé
il (elle) aima	il (elle) eut aimé
nous aimâmes	nous eûmes aimé
vous aimâtes	vous eûtes aimé
ils (elles) aimèrent	ils (elles) eurent aimé

Futur simple	Futur antérieur
j'aimerai	j'aurai aimé
tu aimeras	tu auras aimé
il (elle) aimera	il (elle) aura aimé
nous aimerons	nous aurons aimé
vous aimerez	vous aurez aimé
ils (elles) aimeront	ils (elles) auront aimé

Conditionnel présent	■ IMPÉRATIF
j'aimerais	**Présent**
tu aimerais	aime
il (elle) aimerait	
nous aimerions	aimons
vous aimeriez	aimez
ils (elles) aimeraient	

■ PARTICIPE	■ INFINITIF
Présent	**Présent**
aimant	aimer
Passé	**Passé**
(ayant) aimé	avoir aimé

AIMER · passif (1ᵉʳ groupe)

■ INDICATIF

Présent	Passé composé
je suis aimé(e)	j'ai été aimé(e)
tu es aimé(e)	tu as été aimé(e)
il (elle) est aimé(e)	il (elle) a été aimé(e)
nous sommes aimé(e)s	nous avons été aimé(e)s
vous êtes aimé(e)s	vous avez été aimé(e)s
ils (elles) sont aimé(e)s	ils (elles) ont été aimé(e)s

Imparfait	Plus-que-parfait
j'étais aimé(e)	j'avais été aimé(e)
tu étais aimé(e)	tu avais été aimé(e)
il (elle) était aimé(e)	il (elle) avait été aimé(e)
nous étions aimé(e)s	nous avions été aimé(e)s
vous étiez aimé(e)s	vous aviez été aimé(e)s
ils (elles) étaient aimé(e)s	ils (elles) avaient été aimé(e)s

Passé simple	Passé antérieur
je fus aimé(e)	j'eus été aimé(e)
tu fus aimé(e)	tu eus été aimé(e)
il (elle) fut aimé(e)	il (elle) eut été aimé(e)
nous fûmes aimé(e)s	nous eûmes été aimé(e)s
vous fûtes aimé(e)s	vous eûtes été aimé(e)s
ils (elles) furent aimé(e)s	ils (elles) eurent été aimé(e)s

Futur simple	Futur antérieur
je serai aimé(e)	j'aurai été aimé(e)
tu seras aimé(e)	tu auras été aimé(e)
il (elle) sera aimé(e)	il (elle) aura été aimé(e)
nous serons aimé(e)s	nous aurons été aimé(e)s
vous serez aimé(e)s	vous aurez été aimé(e)s
ils (elles) seront aimé(e)s	ils (elles) auront été aimé(e)s

Conditionnel présent	■ IMPÉRATIF
je serais aimé(e)	**Présent**
tu serais aimé(e)	sois aimé(e)
il (elle) serait aimé(e)	
nous serions aimé(e)s	soyons aimé(e)s
vous seriez aimé(e)s	soyez aimé(e)s
ils (elles) seraient aimé(e)s	

■ PARTICIPE	■ INFINITIF
Présent	**Présent**
étant aimé(es)	être aimé(es)
Passé	**Passé**
(ayant) été aimé(es)	avoir été aimé(es)

RÉUSSIR
(2ᵉ groupe)

■ INDICATIF

Présent	Passé composé
Je réussis	j'ai réussi
tu réussis	tu as réussi
il (elle) réussit	il (elle) a réussi
nous réussissons	nous avons réussi
vous réussissez	vous avez réussi
ils (elles) réussissent	ils (elles) ont réussi

Imparfait	Plus-que-parfait
Je réussissais	j'avais réussi
tu réussissais	tu avais réussi
il (elle) réussissait	il (elle) avait réussi
nous réussissions	nous avions réussi
vous réussissiez	vous aviez réussi
ils (elles) réussissaient	ils (elles) avaient réussi

Passé simple	Passé antérieur
je réussis	j'eus réussi
tu réussis	tu eus réussi
il (elle) réussit	il (elle) eut réussi
nous réussîmes	nous eûmes réussi
vous réussîtes	vous eûtes réussi
ils (elles) réussirent	ils (elles) eurent réussi

Futur simple	Futur antérieur
je réussirai	j'aurai réussi
tu réussiras	tu auras réussi
il (elle) réussira	il (elle) aura réussi
nous réussirons	nous aurons réussi
vous réussirez	vous aurez réussi
ils (elles) réussiront	ils (elles) auront réussi

Conditionnel présent	■ IMPÉRATIF
je réussirais	**Présent**
tu réussirais	réussis
il (elle) réussirait	
nous réussirions	réussissons
vous réussiriez	réussissez
ils (elles) réussiraient	

■ PARTICIPE	■ INFINITIF
Présent	**Présent**
réussissant	réussir
Passé	**Passé**
(ayant) réussi	avoir réussi

VOIR
(3ᵉ groupe)

Tableaux de conjugaison

■ INDICATIF

Présent	Passé composé
je vois	j'ai vu
tu vois	tu as vu
il (elle) voit	il (elle) a vu
nous voyons	nous avons vu
vous voyez	vous avez vu
ils (elles) voient	ils (elles) ont vu

Imparfait	Plus-que-parfait
je voyais	j'avais vu
tu voyais	tu avais vu
il (elle) voyait	il (elle) avait vu
nous voyions	nous avions vu
vous voyiez	vous aviez vu
ils (elles) voyaient	ils (elles) avaient vu

Passé simple	Passé antérieur
je vis	j'eus vu
tu vis	tu eus vu
il (elle) vit	il (elle) eut vu
nous vîmes	nous eûmes vu
vous vîtes	vous eûtes vu
ils (elles) virent	ils (elles) eurent vu

Futur simple	Futur antérieur
je verrai	j'aurai vu
tu verras	tu auras vu
il (elle) verra	il (elle) aura vu
nous verrons	nous aurons vu
vous verrez	vous aurez vu
ils (elles) verront	ils (elles) auront vu

Conditionnel présent	■ IMPÉRATIF
je verrais	**Présent**
tu verrais	vois
il (elle) verrait	
nous verrions	voyons
vous verriez	voyez
ils (elles) verraient	

■ PARTICIPE	■ INFINITIF
Présent	**Présent**
voyant	voir
Passé	**Passé**
(ayant) vu	avoir vu

ATTENDRE
(3ᵉ groupe)

■ INDICATIF

Présent	Passé composé
j'attends	j'ai attendu
tu attends	tu as attendu
il (elle) attend	il (elle) a attendu
nous attendons	nous avons attendu
vous attendez	vous avez attendu
ils (elles) attendent	ils (elles) ont attendu

Imparfait	Plus-que-parfait
j'attendais	j'avais attendu
tu attendais	tu avais attendu
il (elle) attendait	il (elle) avait attendu
nous attendions	nous avions attendu
vous attendiez	vous aviez attendu
ils (elles) attendaient	ils (elles) avaient attendu

Passé simple	Passé antérieur
j'attendis	j'eus attendu
tu attendis	tu eus attendu
il (elle) attendit	il (elle) eut attendu
nous attendîmes	nous eûmes attendu
vous attendîtes	vous eûtes attendu
ils (elles) attendirent	ils (elles) eurent attendu

Futur simple	Futur antérieur
j'attendrai	j'aurai attendu
tu attendras	tu auras attendu
il (elle) attendra	il (elle) aura attendu
nous attendrons	nous aurons attendu
vous attendrez	vous aurez attendu
ils (elles) attendront	ils (elles) auront attendu

Conditionnel présent	■ IMPÉRATIF
j'attendrais	**Présent**
tu attendrais	attends
il (elle) attendrait	
nous attendrions	attendons
vous attendriez	attendez
ils (elles) attendraient	

■ PARTICIPE / ■ INFINITIF

Présent	Présent
attendant	attendre
Passé	**Passé**
(ayant) attendu	avoir attendu

DIRE
(3ᵉ groupe)

■ INDICATIF

Présent	Passé composé
je dis	j'ai dit
tu dis	tu as dit
il (elle) dit	il (elle) a dit
nous disons	nous avons dit
vous dites	vous avez dit
ils (elles) disent	ils (elles) ont dit

Imparfait	Plus-que-parfait
je disais	j'avais dit
tu disais	tu avais dit
il (elle) disait	il (elle) avait dit
nous disions	nous avions dit
vous disiez	vous aviez dit
ils (elles) disaient	ils (elles) avaient dit

Passé simple	Passé antérieur
je dis	j'eus dit
tu dis	tu eus dit
il (elle) dit	il (elle) eut dit
nous dîmes	nous eûmes dit
vous dîtes	vous eûtes dit
ils (elles) dirent	ils (elles) eurent dit

Futur simple	Futur antérieur
je dirai	j'aurai dit
tu diras	tu auras dit
il (elle) dira	il (elle) aura dit
nous dirons	nous aurons dit
vous direz	vous aurez dit
ils (elles) diront	ils (elles) auront dit

Conditionnel présent	■ IMPÉRATIF
je dirais	**Présent**
tu dirais	dis
il (elle) dirait	
nous dirions	disons
vous diriez	dites
ils (elles) diraient	

■ PARTICIPE / ■ INFINITIF

Présent	Présent
disant	dire
Passé	**Passé**
(ayant) dit	avoir dit